ビッグデータ統計解析入門
経済学部／経営学部で学ばない統計学

照井伸彦 Terui Nobuhiko

日本評論社

● **はしがき**

　データが溢れる現代において、その分析手法や活用のあり方が大きく変化しています。第4次産業革命とも言われる超スマート社会の実現において、ビッグデータから新たな価値の創造を見出せる人材の育成が急務とされ、産学官でさまざまな取り組みが行われています。その中心がデータ分析です。データ分析は一層身近になり、現代を生きる人々のリテラシーの一つとして認識されはじめています。「読み・書き・そろばん」における、そろばんの現代版と言ってもいいでしょう。背景にはパソコンの高性能低廉化と、Rに代表される統計フリーソフトの普及があります。例えば、Rを使えば自分のPCで高度なビッグデータ分析が可能です。

　データ分析の伝統的な手法は統計学です。統計学は、天文学や生物学、農学の分野から派生し、さまざまな分野に応用され発展してきました。とくに経済学部では、経済理論の検証や経済予測のための計量経済学の枠組みの中で教育体系が整備されてきました。最近はビジネス分野への応用を念頭に、経営学部や商学部でも重要性が認識されてきており、いまや社会学、言語学、政治学、歴史学、教育学など統計学を利用する研究や教育は一層増えています。

　他方、統計学は保守的側面を持っています。つまり、データは貴重であるという認識のもと、緻密な計画による実験や観測で得られた無作為標本を丹念に分析するのが、統計学のデータに対する向き合い方です。そこでは大数の法則や中心極限定理などの大標本のみならず、小標本の統計理論も整備されました。大標本は想像上の産物で、現実には貴重な小標本データが情報のすべてで

した。しかし、あらゆるものがインターネットを通じて繋がる IoT（Internet of Things）社会では、さまざまなものからデータが生み出されてきます。そこではデータは無計画・無自覚的に発生するもので、無作為標本といった統計学の理想的な前提を置くことは期待できません。また、ソーシャルネットワークにおける人々のコミュニケーションで生じるテキストや画像など、構造化されていないデータは統計学の分析対象ではありませんでした。この限界を超える手法が機械学習分野で発展したのです。

　本書では、統計学の枠組みを基礎としながら、新しく生み出され続けるビッグデータの分析を念頭に置き、機械学習や人工知能の分析手法の解説をしています。対象とする読者は、おもに経済学部や経営学部・商学部などの学部および大学院の学生、ビジネスなどの現場でデータを用いて課題に取り組む実務家です。統計学の基礎を学んでいることを想定していますが、巻末に本書で用いる確率・統計の概念、行列および回帰分析の基礎を補論としてまとめ、参照や復習ができるようにしました。

　さらに各章において例題として使われたデータと R コードを Web からダウンロードして、読者みずからが追体験できます。データ分析はいまや数理が強い人だけのものではありません。課題をデータで語らせ、分析結果を解釈して解決できる能力が一層問われています。例題の分析を各自が PC で実行し、さらに自分が興味のある課題のデータに入れ替えて応用力を身につけていただきたいと思います。

　本書は、2016 年 4 月から 1 年間にわたり『経済セミナー』誌で連載した原稿をもとにしています。章立てを再編成するとともに、連載では紙面の都合上割愛した不足部分を補って加筆し、一冊にまとめました。筆者は、ビッグデータの活用がいち早く求められてきたビジネス分野の統計分析を専門としている立場にあり、IoT 社会における統計分析のあり方がターニングポイントにあることを自覚していました。その枠組みでは、経済学部・経営学部で教授する伝統的な統計学で答えられる問題は限定的で、それが加速しているという現状の認識があり、その意味で、本書の副題を「経済学部／経営学部で学ばない統計学」としました。また、データ分析はもはや統計学の独壇場ではなく、統計学で何ができるのか、コンピュータを駆使する機械学習との関係性は何なのか、

統計学の役割を見つめなおす必要性があると感じていました。本書は、データ分析の新しい手法である機械学習を、統計学との違いや特徴、相互の役割に関する認識について解説する意図を持って執筆しています。読者の皆さんとその一部でも共有できれば幸いです。

　本書は、大学院生との定期的な勉強会を通じて、ほぼ1年間機械学習を勉強してきたことの産物です。Xing Aijing君、李銀星君、佐藤平国君、五十嵐未来君には、勉強会を通じて原稿の点検や、学生の立場から内容のレベル・わかりやすさについて率直な意見をもらいました。また、Rのコードについては李銀星君の手を借りて作成しました。五十嵐君には、本書作成に係る原稿の修正を手伝ってもらいました。彼らのサポートなくしては本書ができなかったことは明白です。また、東北大学の千木良弘朗准教授には、研究仲間の輪読会を通じて数多くの指摘をいただきました。さらに本書の執筆は、日本評論社第2編集部の吉田素規さんより『経済セミナー』誌での連載依頼を受けたことからはじまりました。連載終了直後から管理職となったため、一冊に整理して仕上げるまで予想以上の期間がかかり、大幅に上梓が遅れてしまいました。改めて上記の皆さんのご厚意や支援に感謝の意を表します。

　2018年10月

　　　　　　　　　　　　　　　　　　　　　　　　　　　　　照井伸彦

※ 本書で使用したデータや統計ソフトウェア用のソースコードは、http://www.econ.tohoku.ac.jp/~terui/keisemi.htm にて配布しています。

● 目　次

はしがき　　i

第1章　ビッグデータ時代の統計分析 ———————————— *i*
1.1　ビッグデータとは何か　　*1*
1.2　経済のサービス化とビッグデータ　　*2*
1.3　ビッグデータの活用：代表（集計）レベルと個別（非集計）レベル　　*4*
1.4　ビッグデータのリスク　　*6*
　　1.4.1　プライバシーとセキュリティ技術　　*6*
　　1.4.2　因果関係の否定：Scienceへの挑戦？　　*6*
　　1.4.3　ストレージ不足と情報の「質」　　*7*
1.5　統計学・計量経済学とビッグデータ　　*8*
　　1.5.1　統計学・計量経済学の枠組み　　*8*
　　1.5.2　その限界　　*9*
1.6　ビッグデータの統計分析　　*10*
　　1.6.1　ベイズ統計学　　*10*
　　1.6.2　機械学習　　*12*
　　1.6.3　AI（人工知能）　　*12*
　　1.6.4　大規模データの構造　　*13*
　　1.6.5　コンピュータ科学と統計学　　*14*
1.7　ビッグデータ時代に求められる人材：データサイエンティスト　　*15*
【参考文献】　　*17*

第2章　ベイズ統計の基本 ———————————————— *19*
2.1　ベイズ統計の論理　　*19*
　　2.1.1　確率変数に関する条件付き確率とベイズの定理　　*19*
　　2.1.2　統計モデルとベイズ推測　　*21*
　　2.1.3　ベイズ推測の構造と特徴　　*22*
2.2　事後分布の評価　　*23*
　　2.2.1　事後分布の評価：その分類　　*23*

2.2.2　共役事前分布　*23*
　　　2.2.3　モンテカルロ積分法　*31*
　　　2.2.4　解析的近似法　*33*
　【参考文献】　*33*

第3章　状態の推定とベイジアンネットワーク ―― *35*

3.1　状態推定とベイズ分類機：迷惑メールの判別　*35*
　　　3.1.1　ベイズの定理と機械学習による分類　*35*
　　　3.1.2　確率モデルとゼロ頻度問題　*38*
　　　3.1.3　Rによる分析例　*40*
3.2　ベイジアンネットワーク：症状から原因を探る　*41*
　　　3.2.1　ベイジアンネットワークの考え方　*41*
　　　3.2.2　ネットワーク構造の探索　*42*
　　　3.2.3　因果の逆転　*43*
　　　3.2.4　ベイジアンネットワークの確率モデル　*47*
　　　3.2.5　ベイジアンネットワークの探索　*49*
　　　3.2.6　Rによる分析例　*50*
　【参考文献】　*52*

第4章　分類と機械学習 ―― *53*

4.1　教師なし、教師あり学習　*53*
4.2　クラスター分析　*54*
　　　4.2.1　階層的クラスタリング：距離行列の構成　*54*
　　　4.2.2　非階層的クラスタリング　*56*
　　　4.2.3　K-means法と混合確率分布　*57*
　　　4.2.4　Rによる分析例：ブランドの評価とクラスター形成　*57*
4.3　アソシエーション分析　*58*
4.4　決定木と集団学習　*62*
　　　4.4.1　ジニ係数　*62*
　　　4.4.2　回帰木　*65*
　　　4.4.3　バギング（Bagging）　*65*
　　　4.4.4　ランダムフォレスト（Random Forest）　*66*
　　　4.4.5　ブースティング（Boosting）　*67*
　　　4.4.6　Rによる分析例：潜在顧客の判別　*67*
　【参考文献】　*71*

第5章　判別と機械学習 ——————————————— 73

5.1　判別分析　*73*
5.1.1　事後確率最大化分類器と線形判別関数　*73*
5.1.2　Rによる分析例：保険加入の判別ルール　*76*
5.1.3　さまざまな誤り　*78*
5.1.4　ROC 曲線と判別の評価　*78*
5.1.5　分散が等しくないときの判別（二次判別関数）および多クラス分類　*80*

5.2　ロジスティック回帰　*81*
5.2.1　質的従属変数とロジスティック回帰モデル　*81*
5.2.2　Rによる分析例：保険加入の判別とその要因　*83*

5.3　サポートベクトルマシン　*85*
5.3.1　サポートベクトル分類器　*85*
5.3.2　サポートベクトルマシン　*88*
5.3.3　Rによる分析例：企業業種の判別　*89*

【参考文献】　*92*

第6章　データの次元圧縮と高次元回帰 ——————————— 93

6.1　主成分分析と因子分析　*93*
6.1.1　主成分の考え方　*93*
6.1.2　主成分の抽出　*94*
6.1.3　因子モデル　*96*
6.1.4　Rによる分析例：大学の評価　*98*

6.2　主成分による回帰　*101*
6.2.1　主成分回帰　*101*
6.2.2　PLS 回帰　*102*
6.2.3　Rによる分析例：パソコン価格の要因分析　*103*

6.3　LASSO：高次元回帰　*105*
6.3.1　np 問題と予測誤差　*105*
6.3.2　縮約推定：リッジ回帰　*107*
6.3.3　LASSO　*108*
6.3.4　ベイズ推定との関係　*109*
6.3.5　Rによる分析例：家賃の要因分析　*110*
6.3.6　クロスバリデーションとモデル選択基準　*112*

【参考文献】　*113*

第7章　テキスト解析と自然言語処理 ―― 115

- 7.1 テキスト情報の可視化　*115*
  - 7.1.1 ワードクラウド　*115*
  - 7.1.2 複数クラウド　*116*
- 7.2 自然言語処理と潜在的意味解析　*118*
  - 7.2.1 単語の共起行列の特異値分解　*118*
  - 7.2.2 潜在的意味解析とトピックモデル　*120*
  - 7.2.3 Rによる分析例　*124*
- 【参考文献】　*126*

第8章　ニューラルネットワークとディープラーニング ―― 127

- 8.1 ニューラルネットワーク　*127*
  - 8.1.1 活性化関数と二値分類　*128*
  - 8.1.2 多値変数　*129*
  - 8.1.3 Rによる分析例　*130*
- 8.2 ディープラーニング　*132*
  - 8.2.1 多層ニューラルネットワーク　*132*
  - 8.2.2 Rによる分析例　*132*
- 【参考文献】　*134*

補論　基礎事項の確認 ―― 135

- A 確率統計の基礎　*135*
  - A.1 確率と確率分布　*135*
  - A.2 確率変数の期待値と分散・共分散　*136*
  - A.3 統計的推測：標本分布，信頼区間，仮説検定　*137*
- B 行列および分散共分散行列の性質　*141*
  - B.1 行列の固有値と固有ベクトル　*141*
  - B.2 分散共分散行列の性質　*142*
- C 回帰分析の基礎　*143*
  - C.1 回帰モデル　*143*
  - C.2 最小二乗法と推定量の分布　*144*
  - C.3 最小二乗推定量の性質：ガウス＝マルコフの定理　*145*
- 【参考文献】　*146*

索　引　*147*

第1章 ビッグデータ時代の統計分析

1.1 ビッグデータとは何か

　デジタルな電子的情報の量は、5年で10倍のスピードで拡大が続いており、2020年までには約40ゼタ（40×10^{21}）バイト（2010年時の約35倍、DVDメディア約140億枚）へ拡大し、さらに2030年までにはヨッタバイト（10^{24}バイト）に達する見込みと言われています。その膨大な情報はビッグデータと呼ばれ、有効活用して新たな知識の発見や新たなサービスの創造が求められています。米国では、2012年年3月にビッグデータ・イニシアチブに関する公告をオバマ政権が発表しました。このイニシアチブには総額2億ドル（220億円相当）を投資し、データへのアクセス、体系化、知見を集める技術を改善して強化することが目標として挙げられており、欧州、アジアにおいても、ビッグデータに対する研究投資が進められています。

　「ビッグデータ」の共通の定義は見当たりませんが、2000年代半ばに、ゲノム解析や天文などの研究分野で情報増大を経験してこの用語が生まれたと言われており、それが他分野まで拡大しているのが現状だと思います。情報量が増えすぎてデータがコンピュータのメモリーを超え、表に読み込めない状況となり、新しい分析の仕組みが必要となってきたことが背景にあります。

　いち早くビッグデータの持つ価値を見出した企業である米国の流通大手のシアーズは、マーケティングにおけるビッグデータを迅速に、かつ低コストで解

析する技術と手法を導入しました。それは、ハドゥープ（Hadoop）と呼ばれる新しいソフトウェア・フレームワークで全体を調整しながら分散並行して解析する仕組みで、Rのようにフリーのオープンソフトです。これと全ブランドの新規データと既存データを統合して迅速な分析を可能としました。これによって、以前は2カ月かかっていた販促の企画や準備が1週間で可能となり、さらに、きめ細かな販促活動をタイムリーに実施できるため、正確性と質が向上したと言われています。また、インターネット書店アマゾンの、似た嗜好を持つ顧客の購買履歴から書籍を推薦するレコメンデーション・システムは、ネットビジネスでのビッグデータ活用の先駆けと言えます。この他にもグーグルは、ネット上の人々の検索行動のビッグデータを分析し、インフルエンザの流行をリアルタイムで予測したことで知られています。これらはまさしく、量的側面のビッグデータ対応技術開発と応用による成功や価値創出の例です。

現在、IT技術の進化とともに現れるビッグデータは、私たちの社会を大きく変える可能性があり、さまざまな分野で注目を浴びています。

1.2 経済のサービス化とビッグデータ

わが国はこれまで、自動車をはじめとする"モノづくり"で世界をリードしてきました。モノづくりはいわゆる第二次産業ですが、日本を含む先進諸国の経済の産業構造は、第三次産業である"サービス"へシフトしています。実際、わが国では労働者の7割近くが第三次産業で働いており、その生産高もGDP（国内総生産）の7割近くを占めています。この現象は、"経済のサービス化"と言われています。サービスはモノ以外の"財"であり、例えば、小売・流通業、観光業、美容院など民間によるサービスに加えて、病院や役所などの業務サービスも含まれます。

先進諸国では、新しいサービスを作って経済成長を達成すること（サービス・イノベーションと呼ばれる）が目標になっています。このサービス・イノベーションの例として、グーグルのWeb検索、宅急便、アマゾンのネット書店などがとりあげられます。また、既存のサービス運用のムダを省いて効率化を図る

こともイノベーションに含まれます。例えば、Super店長やSuper女将と呼ばれる優れた能力を発揮する特別な人の判断や対応の仕方を客観的に分析し、標準化してサービスの効率化を達成することもイノベーションと言えます。前者はプロダクト・イノベーション、後者はプロセス・イノベーションとも呼ばれています。

　これらに共通するのは、ビッグデータと呼ばれるデータの活用です。ビッグデータは電子的に記録される情報（データ）で、その量はIT技術や通信を通して爆発的に増大しており、この膨大な情報の中から役に立つ情報を抽出して活用することで、個人に適した支援（マーケティング、医療、福祉、etc.）などのミクロ的活用から、減災・防災、都市計画、エネルギー問題などマクロ的活用まで、社会全体を豊かにする資源として注目を浴び、各国がこぞってビッグデータの分析と活用に政策的に取り組んでいます。

　総務省は、2014年の『情報通信白書』において経済効果を推計しました。ビッグデータの活用が全産業の売上高を約61兆円押し上げ、これは全産業の売上の4.6%を占める効果だったと試算しました。その5割近い28兆円は流通業です。その結果、POSデータなどの企業内データに加え、消費者のソーシャルメディアへの書き込みデータを融合させて分析し、消費者の好みや流行トレンドをいち早くマーケティングに活用する企業が増えています。

　わが国では、ビッグデータの活用が欧米の先進諸国と比べて遅れており、その結果、第三次産業のサービス経済において生産性が低いことが指摘されてきました。これに対して、サービスを対象とする学問「サービス科学」の振興が政府主導で行われてきました。他方、企業においては、これまで、経営者や店長の経験・勘による判断が行われており、これをエビデンス（証拠）に基づく判断へ移行すべきであるというビジネスの考え方に変わってきています。データ主導型の経営戦略へのシフトです。実際、米国株式公開330社に対する調査によると、「データを重視する企業はそうでない企業よりも業績がよい（ビッグデータ分析をオペレーションに取り入れた企業は、生産性、収益性で5〜6%高い）」という報告がなされています。

　企業で行われる業務のほとんどは、いまや電子化されて高速に伝達、蓄積され、これが企業におけるビッグデータを生み出しています。例えば、消費者が

スーパーで買い物をしてレジに進むと、商品に付いているバーコードをスキャンしてレジ清算が行われます。これは元来、清算を正確かつスピーディーに行うために考えられたシステムですが、同時にこれは、"いつ"、"誰が"、"何を"、"いくらで"、"いくつ" 購入したかが記録されます。この情報は日々蓄積され、企業にとってビッグデータを形成しています。

あるファッションシューズの会社では、全国のチェーン店での売れ筋商品をリアルタイムで観察し、ショーウィンドウの靴を売れ筋商品に入れ替えただけで、客の入りを大幅に増やせたことが知られています。これは単にデータを眺めてアクションを取った結果です。さらに高度な統計処理を行うことでさまざまな知見が得られる可能性をビッグデータは秘めています。例えば、あるスーパーマーケットでは購買履歴データを分析し、購入商品に応じて他の商品の割引クーポンをレシートとともに発行することで、購買単価が1000円以上上昇した例も知られています。

1.3 ビッグデータの活用：代表(集計)レベルと個別(非集計)レベル

これまで、企業はビッグデータを十分活用してきませんでした。現代の企業は、このビッグデータを分析して、さまざまな戦略に活用したいと考えています。例えば、気温や天候によって売上が大きく変わるような商品であるお弁当やアイスクリームなどは、気象データと過去の売上データを組み合わせて分析することで、売上が予測できます。これによって、売れ残りによる廃棄ロスや品不足による損失（販売機会を逃すという意味で機会損失と呼ばれます）を最小限にすることができます。これは購入者を特定せず、商品の売上を（例えば）1日単位で集計した集計レベルのデータ活用のイメージです。

また、顧客個人の好みをその人の購買履歴データを分析することで知ることができます。これにより、顧客にとって適切なレベルのサービスを個別に提供することが可能となり、それによって顧客満足度が高まります。その結果、企業への愛着（ロイヤリティ）が生まれ、いわゆる常連顧客となっていきます。顧客に個別の対応をすることは、パーソナライゼーション（個別化）と呼ばれ

ますが、まさしく、顧客対応のパーソナライゼーションが現代企業の大きな目標であり、これを実現する資源がビッグデータなのです。

例えば、メンバーズカードを発行する流通企業には、会員登録時に年齢や性別、住所など、場合によっては職業、年収、家族構成などの個人情報を提供します。このメンバーズカードを用いて買い物をすると、いつ、何を、どれだけ購入したかの購買情報が自動的に記録されます。メンバーズカードは購入に応じてポイントを獲得できるため、購入に対する誘因が働き、顧客の囲い込みを目的としていました。いまや、ここから抽出される情報を使って消費者の嗜好を細かく知る手がかりとして活用することが期待されています。すでに知られたものとしては、この本を買った人はあの本も買っている、と、別の本を提示するアマゾンのレコメンデーション・システムがあり、これはネット広告の個別化の代表例です。また、スーパーの顧客データベースを利用して、店舗にある商品のそれぞれについて顧客の好みや価格・販促への態度を個人ごとに推測し、商品や顧客に対する店舗の施策——マーケティング——をきめ細かく考えて効率性を上げる材料を提供する仕組みの開発が進められています。その結果、顧客が興味を示す商品や、販促内容のレベルを顧客ごとに調整した個別化クーポン発行による販促の効率化が期待できます。

このパーソナライゼーションの考え方は、他の分野にも当てはまります。例えば、病気に罹ったとき、同じ薬を処方されても効果はさまざまで、薬の効き方はこれまでの罹患歴や遺伝子レベルでの個人の相違によっても変わります。これに関する情報として、病院のカルテや遺伝子情報も個人の特性を知る手がかりを与えるビッグデータであり、これを解析して個人に個別の医療を行うのが医療のパーソナライゼーションです。また、教育において、同じ教材で同じように授業をしても学生の理解度はさまざまで、学生の学習能力の違いが問題となります。これについても、小テストやクイズなどの点数データを活用して、個人に適した学習のあり方を考える教育のパーソナライゼーションが議論されはじめています。

1.4 ビッグデータのリスク

　ビッグデータの世界は広がり続けています。いまや家電製品の中に高性能のコンピュータや情報発信装置が組み込まれ、製品自体がネットワークにつながっています。この現象は"モノがネットにつながる"という意味でIoT（Internet of Thing）と呼ばれています。例えば、家のエアコンを外出先からスマートフォンで遠隔操作できたり、家のビデオレコーダーに外出先からインターネットを通じて録画予約したり、録画した番組を外出先で見たりできるのです。今後は、身の回りのあらゆるモノ（機器）が情報ネットワークでつながり、それがビッグデータとして記録されていきます。その活用は、ビジネスの分野ばかりでなく、私たちの健康や安全、農業や食、わが国の課題である高齢社会のあり方をも変えていくと言われています。

　ビッグデータについては、上述のように期待される「光」の側面に加えて、当然、「影」のマイナス面も議論されています。

1.4.1　プライバシーとセキュリティ技術

　グーグルは検索情報、アマゾンは商品購買、フェイスブックは交友関係を収集していることになり、これらを通じて人々の情報は蓄積されています。それぞれの情報では匿名が担保され、プライバシーが守られる規則が適用されていても、ビッグデータの中にあるさまざまなデータを融合することで個人の情報が明らかにされてしまう危険性も指摘されています。このインターネット上のセキュリティ（サーバーセキュリティ）技術の開発は、国家レベルの安全保障問題との関連でもコンピュータサイエンスの大きな研究テーマとなっています。

1.4.2　因果関係の否定：Scienceへの挑戦？

　ビッグデータの世界では、"「量」が「質」を凌駕する"、"「検索」と「相関」ですべてが予測できる"、"「理由」ではなく「答え」があれば十分"、という極端な言い方をする人たちもいます。これは経済学に限らず、他の科学（science）に共通の認識である「分析対象を理解するための理論」としての構造や、変数

間の因果関係を否定するショッキングな言明です。

　統計学は、理論に寄り添って、理論が示唆する構造をデータから数量的に測定し、それに基づいて理論が支持されるか否かを判断する手法としてこれまで機能してきました。計量経済学はまさしくこの必要性から誕生しました。ビッグデータ時代に求められるデータ分析は、理論検証的な保守的役割にとどまらず、発見的側面がより脚光を浴びる時代とも言えると思います。ただし、将来を予測する場合、その場の戦術的な予測ではなく、構造によって予測されたものに基づいた意思決定が必要であると考えます。データ分析を使ってコンサルティングを行う会社を経営するある社長は、「意思決定には値段がある。外れても損失の小さい意思決定であれば、構造なしのブラックボックスでも採用されるが、大きなリスクを伴う意思決定では、ホワイトボックスでないと採用されない」と言っていたのは本質を突いた言葉かもしれません。

　そうは言っても、理論はそのときまでに蓄積された知識であり、限界があります。この意味で、発見的なデータ分析法が、予測のみならず知識を広げる意味でも重要なアプローチになってきます。

1.4.3　ストレージ不足と情報の「質」

　データが増えるスピードが指数関数的であるのに対し、データを保存するストレージ性能の進歩はそれに追いついていないと言われています。この問題に対しては、ストレージの台数を増やすことで対応しているのが現状のようです。それにも物理的な限界があり、近い将来においては、蓄積される情報（データ）の「質」を評価し、情報を選別して捨てる必要がある、という議論が始まっています。東北大学のプロジェクト「ヨッタスケールデータの科学技術」では、この認識の下で、情報の質や価値を議論するため、情報だけでなく広く人間や社会に関わる分野から哲学、心理学、経済学など、幅広い分野の研究者が結集し、文理融合研究を展開しています（http://www.aiic.riec.tohoku.ac.jp/）。

1.5 統計学・計量経済学とビッグデータ

1.5.1 統計学・計量経済学の枠組み

　統計学は多くの経済学部において必須科目であり、入学間もない初年時から入門科目の一つとして学ぶ大学が多いと思います。この場合、多くの経済データを整理して平均値や分散など代表的な特性値を計算し、データの特徴や背後の関係を探る「記述統計」からはじまります。次に確率や確率分布の考え方を学びます。これは、推定や検定など統計的推測を行うための準備となります。通常、想定する母集団から繰り返しサンプリングをしたときに標本のブレが生じ、これが無限に繰り返されたときに確率的に一定の法則に従うこと（中心極限定理）が示され、それが標本分布と呼ばれます。確率を頻度として解釈する立場から導かれる標本分布に基づいて統計的推測が行われることから、「頻度主義による統計学」と言われます（図1.1）。

　母集団を特徴づける1つ（1組）のパラメータを仮定して、標本を繰り返しサンプリングしたときに得られる分布（標本分布）を求め、1組の実現値であるデータ x から計算される統計値を用いてパラメータの値を推測したり（推定）、パラメータに特定の値を仮定し、その値の下で得られる標本分布から統計値が実現したか否かを判断したり（検定）するのが統計的推測です。現在、経済学部を含む大学で学ぶ統計学の内容は、頻度主義に基づく推測の論理がほとんどです。

記述統計：平均値や分散など多くの数値の集まりとしてのデータを要約する。

推測統計：データを生成した母集団を特徴づけるパラメータ θ を推測する。

　具体例として、パラメータ θ の値を推測する推定には、1つの値で推測する点推定（例えば $\hat{\theta} = 0.9$）と、一定の幅を持って推測する区間推定（例えば $P\{\hat{\theta}+0.1 < \theta < \hat{\theta}-0.1\} = 95\%$ として、θ の95%信頼区間 $[0.8, 1.0]$）がありま

図1.1 母集団と標本、標本分布、推定、検定

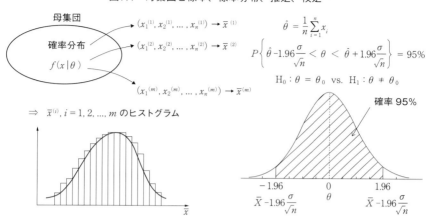

す。また、θ が特定の値 θ_0 であるか否かを、一定の誤り（例えば5%）を認めて意思決定する仮説検定、すなわち、$H_0: \theta = \theta_0$ vs. $H_1: \theta \neq \theta_0$ のいずれかの仮説を選択する問題があります。

これらは、パラメータ θ は固定された本当の（真の）値 θ_0 が存在するという世界観で、一つの真理を観測データから推測するという推論の方式です。

1.5.2 その限界

ただし、頻度主義による統計学の枠組みは、ビッグデータの分析では次のような限界を持っています。

① 管理された実験の下で、（仮想的にでも）繰り返しデータを得られることが前提

つまり、質の良いデータが繰り返し取れることを想定して統計理論が作られている。統計学の「実験計画法」は、いかにして良質のデータを効率よく獲得するかを議論するものである。それに対してビッグデータは、端末やセンサーなどから機械的・自動的に集められ、分析目的や分析手法とは無関係に貯蓄されるため、分析者は受動的にデータと向き合わなければならない。

② 複雑なモデリングへの対応が難しい

ビッグデータには異質性が偏在しており、少ないパラメータで母集団が記述されるとする同質性の仮定の下での分析は、説明力に限界がある。データ量の増大は分析目的を高度化させ、複雑なモデルを要求する。その場合、頻度主義に基づく推測理論の基礎となる中心極限定理に依存できない場合が数多く出てくる。中心極限定理は線形モデルなど限られた状況でしか機能しない。

③ テキスト情報など非構造データを分析に取り込む統計手法が未発達

現代社会の日常生活では、SNSやTwitterなどソーシャルメディアが発する情報が爆発的に増え、人々の生活に多大な影響を与えている。その情報のほとんどがテキストや画像、音声などであって、数値化された構造データではない非構造データである。これを分析する手法は、既存の統計学の枠組みではほとんどない。

これらの限界を克服すべく、さまざまな統計手法が提案されています。

1.6 ビッグデータの統計分析

まず、大学で通常講義される統計学は、確率を相対頻度として解釈する頻度主義の統計学ですが、これとは異なる論理でデータを分析するものとしてベイズ統計学があります。

1.6.1 ベイズ統計学

ベイズ統計学は、下記の特徴を持っています。

- パラメータは固定した1つの値ではなく、確率分布に従う確率変数である。
- データは観測前の事前情報（事前分布）を更新し、事後情報（事後分布）を構成する。
- データが与えられたときに、どの理論が尤もらしいか（現象から原因へ遡る逆問題の論理）を推論できる。

すなわち、いま、観測データ x が与えられたときに、推測対象（パラメータ）

に対する信念の度合いが、データを得る前と比べてどのように変化するかを記述するのがベイズ統計学であり、その基礎になるのが、確率に関する次のベイズの定理です。

$$P(A|B) = \frac{P(A)P(B|A)}{P(B)} \qquad (1.1)$$

(1.1)式の関係の意味を考えるために、例えば2つの事象 A と B の間にある因果関係があり、"A が原因で B が結果である"という仮説をわれわれが持っていることを想定しましょう。確率 $P(A)$ は、原因として規定する仮説に対する**確信の度合い**（degree of belief）としての確率と解釈します。このとき、まず(1.1)式の左辺 $P(A|B)$ は、結果 B が与えられたときに原因 A となっている可能性（確率）、つまり仮説の妥当性を確率として与えるものです。右辺は、結果を観測しない事前の確信の度合い $P(A)$ が結果 B を観測したことでどのように変化するかを表しています。

　このベイズの定理はほとんどの統計学の教科書で説明されていますが、この推測の論理を実際に適用して統計的推論を行う方法を説明することは稀です。ベイズの推測論理は、結果から遡って原因を探る、いわゆる逆問題、逆推論の論理構造を表しています。

　ベイズ統計学は、イギリスの牧師であり数学者であったトーマス・ベイズ（Thomas Bayes, 1702～1761）による論文に遡ります。その後、数学者のラプラスが数式としてベイズの定理を表現し、結果から原因を推論する逆確率による統計的推測を展開しました。

　偉大な統計学者 R. A. フィッシャーは、事前分布の決め方が主観的であり、ベイズ統計学を科学的でない方法と厳しく批判しました。長い論争を経ながらベイズ統計学は異端の立場に追いやられ、頻度主義の統計学は、これまで大学での統計教育の本流をなしてきました。ただ、頻度主義の統計学は一枚岩ではなく、例えばフィッシャーの有意性検定とネイマン・ピアソンの仮説検定の考え方は相互に相いれない論理があり、彼らの間でも論争がありました（ソーバー 2012）。

　ベイズの定理の論理に従って、事前分布をデータによって事後分布に変換す

る情報の更新

$$事後情報 = 事前情報 + データ情報 \quad (1.2)$$

の際には、一般に積分評価が必要となります。1990年代以前は、その積分が解析的に評価できるモデルや問題に制限され、適用範囲は限定的でした。その後、1990年代にマルコフ連鎖モンテカルロ法による事後分布評価法が発展し、一般的な統計モデルの扱いが計算上可能となりました。その結果、ベイズ統計学の適用できる範囲が格段に広がり、多くの適用例から有用性が広く認められるようになりました。

頻度主義の統計学とベイズ統計学の関係については、科学哲学の観点から「データが与えられたときに何を知りたいのか」についての認識論の違いであるとの議論もあります（前掲のソーバー 2012）。ラプラスの時代から主観確率を用いることの是非について論争が続きましたが、逆推論の有用性や計算処理上の利便性からさまざまな分野の分析で応用され、ビッグデータの分析でも盛んに使われ中心的な手法の一つになっています。

1.6.2 機械学習

機械学習（Machine Learning）は文字通り、過去のデータにあるパターン（ルール）を機械的に見つけ出し、それを例えば、成功、失敗、のルールとして学習し、現在のデータがどちらに分類されるかを判断したり、予測したりする代表的な手法です。計算機を駆使することが特徴ですが、確率分布や統計的推論を基礎にしており、コンピュータ科学と統計学を橋渡しする分野と言えます。

1.6.3 AI（人工知能）

現在のAIブームの嚆矢はスパムメールの高速判別であるとされ、1970年代にブームを巻き起こしました。とくに脳神経回路を模倣したニューラルネットワーク分析による人工知能は大いに期待されたものの、当時の計算能力では相対的に小規模のモデルしか対応できず、複雑で大規模なモデルを扱うことができませんでした。2000年代にアルゴリズム上のブレイクスルーがあり、昨今の人工知能ブームを支える技術——ディープラーニング——として期待されてい

図1.2 大規模データの構造

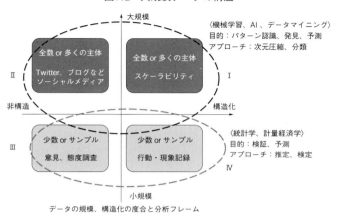

データの規模、構造化の度合と分析フレーム

ます。すなわち、下記の要因が、最近のAIを支える環境であると言えます。

- 大規模データの出現
- 大規模データを実時間内に分析可能とする計算機性能の向上
- 高速計算アルゴリズムの開発

1.6.4 大規模データの構造

次に、大規模データの構造と分析法について、マーケティングを例にして説明します。まず、データの規模および構造化の程度によってデータを分類してみましょう。定量化されているデータを構造データ、文章などのテキストや音声・画像などは非構造データと呼ばれます。図1.2の横軸は構造化の度合いを表す軸であり、右に行くほど構造化されていることを意味します。また縦軸はデータの量を表し、上へ行くほどデータの規模は大きくなります。構造データはいつ、どの商品を、いくつ購入したかなどの消費者の購買行動を記録した定量化されたデータであり、非構造データは主に消費者の態度を表す定性的データとなるのが典型的状況です。

図1.2の第IV象限は、構造化された少数データの領域です。ここでは、マーケティングにおける消費者行動研究や、ミクロ経済学に基づくロジット／プロビ

ットモデルによる消費者のブランド選択行動の研究が豊富に蓄積されています。また、分析対象の商品はあるカテゴリーに限定され、カテゴリー内の競合関係や補完関係が分析の前提であり、さらに消費者（顧客）は一部のサンプルパネルに限定されます。第Ⅲ象限は、消費者行動研究に基づいて設計された調査票による、自由記述を含めた市場調査や顧客満足度調査などが代表的なデータです。第Ⅰ象限は、全数の顧客および全数の商品の大規模構造データが対象であり、分析のスケーラビリティ（規模拡張性）が求められる領域です。最後に第Ⅱ象限は、大規模非構造データで、ネット上でのブログやSNS、Twitter、企業と消費者とのコミュニケーションによるインタラクションなどのテキストや画像、音声などのデータが中心で、この部分が爆発的に増えています。

　分析法については、図1.2の第Ⅲ、Ⅳ象限である小規模データの領域では、理論の検証や予測を目的にして、推定や仮説検定のアプローチにより、統計学や計量経済学の各種手法が適用されます。とくに第Ⅲ象限のデータ分析では、数量化理論が統計学の強力なツールです。

　それに対して、大規模データの領域である第Ⅰ、Ⅱ象限では、機械学習やデータマイニング、人工知能と呼ばれるコンピュータを駆使したデータ分析の手法が脚光を浴びています。分析目的は、パターン認識や発見、予測にあり、データの次元圧縮や分類によるアプローチで成果を上げています。

1.6.5　コンピュータ科学と統計学

　マーケティングの分野における消費者行動論では、消費者は他者と独立して行動するとは捉えず、準拠集団など消費者が帰属するグループの影響や社会の文脈に依存するものと考えます。さらに、製品・サービスに関する口コミや消費者自身の評価などによって行動が影響を受けるものとしています。その際、ID-POSなど構造化された購買履歴データと、口コミなどインターネット上の非構造データを統合する分析技術が求められています。さらに、緻密に計画され高密度の情報を持つ小規模データを丁寧に分析する古典的統計学のパラダイムから、非構造で情報密度の低い大規模データを素早く分析してみせる新しい統計学のパラダイムが同時に求められています。

　コンピュータを駆使した大規模データのデータマイニング技術は、潜在する

規則的パターン発見で有効なツールを提供しています。他方で統計学は、確率分布に基づく因果推論を得意とし、背景にある理論に基づいて問題を解決して、結果を原因により制御しようとするマインドが強い分析手法です。確率分布の概念を持っているため、推定量や予測分布として精度評価が可能であることが両者を差別化する大きな特徴です。

ビッグデータ時代の統計学は、当然ながら、数理的側面のみならずコンピュータの高度利用が重要な論点となります。その際、大規模情報の解析では、多くは情報密度が高くないため（これはスパース性〈sparseness〉と呼ばれます）、次元圧縮技術の開発が重要な問題となります。他方、データがかなり大規模となると統計学では手に負えない段階となり、中規模以下のデータを丹念に分析して因果構造を解析してみせるところにその存在意義を示すことになり、相対的には小標本データを精査する古典的統計学の時代に先祖がえりするようなイメージを持ってしまいます。

ただし、ビッグデータ時代でも、中規模以下のデータの存在や意義が少なくなるとは思えません。さらに大規模データの中でも、問題が複雑で細かい知見が求められる場合など、まだまだ統計学の活躍の場は広がりをみせるものと思います。あるいはその活躍の場を広げてみせていくことが必要です。

1.7 ビッグデータ時代に求められる人材：データサイエンティスト

先進国の産業構造変化に対応して「モノづくり」から「サービス」へいち早くシフトして"サービス・サイエンス"という言葉を作りだした企業のIBMは、"ビジネスアナリティクス"という言葉でThinking by Numbers（"数"で考える）を推進してきました。そこでやられていることは統計分析が基本です。高名なミクロ経済学・情報経済学者で、グーグルのチーフ・エコノミストに転身したハル・ヴァリアンは、2009年 *New York Times* 誌において、「次の10年でセクシー（魅力的）な仕事は統計家である：データを見分ける能力、データを理解する能力、処理する能力、データから価値を取り出す能力、データを視覚化する能力、データを人に伝える能力」と述べたことはよく知られています。こ

1.7 ビッグデータ時代に求められる人材：データサイエンティスト

れは、あらゆるものがモニター・計測される社会に急速に移行していることを理由としています。

　欧米など他の先進諸国との違いは、日本に統計学部がなく、したがって統計家（Statistician）という職能もなく、その結果、産業界では（品質管理など一部を除いて）統計分析が意識として根付かず、十分活用されてこなかったことが挙げられます。結果として、産業界における統計リテラシー不足が問題となっています。

　このデータサイエンティストの大幅な不足問題を背景にして、大学共同利用法人 情報・システム研究機構では、ビッグデータの利活用に関わる専門人材育成に向けた産学官懇談会を組織し、平成27年7月に提言書「ビッグデータの利活用のための専門人材育成について」をまとめました。そこでは、産業界やアカデミアからの要請を把握し、データサイエンティストに求められるスキルや能力を特定して育成の方策を提言しています。

　提言書では、まずデータサイエンティストに求められるスキルとして、

- データサイエンス力：統計学、機械学習、最適化などを理解し、使える力
- データエンジニアリング力：データサイエンスを使える形に実装し、運用する力
- ビジネス力：課題を理解して問題設定し、解決する力

を挙げています。さらに、産業界、アカデミア、地方自治体からの要請を下記のようにまとめています。

① 産業界からの要請

　企業が求めるスキルは、単にデータを収集して統計分析するだけでなく、「データに基づき予測し、その結果をビジネスに活用する」ことにある。統計学に加えて、機械学習など最新の手法に精通するとともに、それらを用いてデータと現実のビジネスを繋げ、ビジネス上の課題の解決能力が求められる。

② アカデミアからの要請

　「あらゆる分野の研究者は、同時にデータサイエンティストでなければならない」という認識を持つ必要があり、さらに、宇宙・地球物理、物質・材料科

学、生命科学、医療など最先端のサイエンスでは、ビッグデータの分析が研究の要となっている。

③ 地方自治体からの要請

人口減が予想されている地方自治体においては、国が推進する「オープンデータ」を含めたビッグデータを活用して、エビデンスに基づく効果的施策、施策後の評価・再検討を担う人材が急務であり、データを戦略的に活用する部署の設定が必要である。

大学、とくに経済学部や経営学部／商学部で学ぶデータ分析法は、これらの要請の一部に応えられるにすぎず、これを超えて学ぶ必要があります。とくに、統計学から派生した機械学習は、人工知能と重複しながらビッグデータの分析ツールとして大いに期待されています。

先述したように、現代はサービス化した経済の社会です。そこでは、働く人のそれぞれが"知識"を活用して新しいサービスを創造し、またよりよいサービスを提供することを考えねばなりません。ビッグデータというと、自分とは遠い世界と感じる人も少なくないと思いますが、データを分析するツールも身近になっています。フリーの統計ソフトであるRを使えば、かなり高度なビッグデータの分析も可能です。また、データの取得も容易になっています。お店で働く人は、パソコンに記録した日々の売上や客数などのデータを使えば、明日の客数や売上の予測ができ、経営に役立つ情報が取り出せます。

ビッグデータの時代は、このようにデータ分析が身近になった時代でもあります。一人ひとりがデータに基づいて考えて問題を解決することで小さなイノベーションを起こし、それを積み上げていくことが重要で、この意味で、"データ"から知識を得て行動する人の数が"ビッグ"になっていくべき時代でもあるのです。

【参考文献】
ショーンベルガー、ビクター マイヤー・ケネス クキエ（2013）『ビッグデータの正体：情報の産業革命が世界のすべてを変える』斎藤栄一郎訳、ダイヤモンド社
総務省（2014）『平成26年版年 情報通信白書』

1.7　ビッグデータ時代に求められる人材：データサイエンティスト

ソーバー、エリオット（2012）『科学と証拠：統計の哲学入門』松王政浩訳、名古屋大学出版会
大学共同利用法人　情報・システム研究機構（2015）「ビッグデータの利活用のための専門人材育成について」（平成27年7月30日）
照井伸彦・佐藤忠彦（2013）『現代マーケティング・リサーチ：市場を読み解くデータ分析』有斐閣
マークス、ディミトリ・ポール　ブラウン（2013）『データ・サイエンティストに学ぶ「分析力」：ビッグデータからビジネス・チャンスをつかむ』馬渕邦美監修、小林啓倫訳、日経BP社

第2章 ベイズ統計の基本

　ベイズ統計の歴史は、18世紀のイギリスの牧師で数学者でもあったトーマス・ベイズ（1702〜1761）や数学・天文学者ピエール＝シモン・ラプラス（1749〜1827）まで遡ります。確率の解釈をめぐりさまざまな議論や論争を経て、1990年代のマルコフ連鎖モンテカルロ法の進化と普及により技術的制約であった積分評価が解消されると、急速に応用されるようになりました。現実の複雑な問題の解決を重視するビジネス・マーケティング分野やビッグデータを扱う機械学習分野において、因果を逆転させる推測の論理をフル活用して、従来の統計学が扱えなかった多くの問題を解決する要素技術として定着しています。

　本章ではビッグデータ解析において重要な役割を果たす、古くて新しい統計学のアプローチであるベイズ統計について、その基本を学びます。

2.1　ベイズ統計の論理

2.1.1　確率変数に関する条件付き確率とベイズの定理

　標本空間上で定義される2つの事象AおよびBに対して、同時確率$P(A \cap B)$、事象Bが起きたときに事象Aが起こる条件付き確率$P(A|B)$、その逆の条件付き確率$P(B|A)$および周辺確率$P(A)$および$P(B)$を用いて、

2.1 ベイズ統計の論理

$$P(A\,|\,B) = \frac{P(A)P(B\,|\,A)}{P(B)} \tag{2.1}$$

が成り立ちます。これが**ベイズの定理**です。

これは、相互に独立でない2つの事象 A および B に関する**条件付き確率**から導出されます。事象 B が起きたときに事象 A が起こる条件付き確率 $P(A\,|\,B)$、その逆の条件付き確率 $P(B\,|\,A)$、および周辺確率 $P(A)$ および $P(B)$ を用いて、事象 A と B が同時に起こる同時確率は

$$P(A \cap B) = P(A\,|\,B)P(B) = P(B\,|\,A)P(A) \tag{2.2}$$

と表されます。ここで、周辺確率 $P(B)$ がゼロではないことを仮定すると、条件付き確率から(2.1)式の関係が導かれます。

(2.1)式の右辺にある条件付き確率の条件事象が A であるのに対して、左辺にある条件事象が B と逆転していることに注意しましょう。この関係は条件付き確率の性質のみを利用しており純粋に数学的命題ですが、確率に解釈を与えると深い意味を持ちます。

(2.1)式の関係の意味を考えるために、例えば2つの事象 A と B の間にある因果関係があり、"A が原因で B が結果である"という仮説を持っていると想定しましょう。確率 $P(A)$ は、原因として規定する仮説に対する確信の度合い(degree of belief)と解釈します。このとき、まず(2.1)式の左辺は、結果 B が与えられたときに原因 A となっている可能性(確率)、つまり仮説の妥当性を確率として与えています。他方、右辺では、結果を観測しない事前の確信の度合い $P(A)$ が、結果を観測したことでどのように変化するかを表しています。つまり、右辺が $P(A) \times \left(\frac{P(B\,|\,A)}{P(B)}\right)$ であり、結果 B を得たことで調整項 $\left(\frac{P(B\,|\,A)}{P(B)}\right)$ だけ仮説に対する確信の度合いを変化させると解釈できます。すなわち、(2.1)式は原因 A の可能性が結果 B を観測したことでどのように変化するかを示しています。A と B が独立であれば、$P(B\,|\,A) = P(B)$ であるので調整項は1となり、結果は事前の確信の度合いに影響を与えないことを意味します。

このように、確信の度合いとしての確率解釈の下で(2.1)式の関係をみた場合、このベイズの定理に基づいてさまざまな推論を行う立場の統計的アプローチを

ベイズ統計 (Bayesian Statistics) と呼びます。

いま、実数値をとる 2 つの連続型確率変数 x および y に関する周辺確率密度関数、同時密度関数、条件付き密度関数を用いると、(2.1)式は次のように表現できます。

$$f(x\mid y) = \frac{f(x)f(y\mid x)}{f(y)} \tag{2.3}$$

2.1.2 統計モデルとベイズ推測

統計学の基本的な枠組みは、観測データ $\boldsymbol{y} = (y_1, y_2, ..., y_n)'$ が与えられたときに、このデータを発生させた仕組みの候補集合 $S = \{p(\boldsymbol{y}, \theta)\}$ を仮定します。ここで $p(\boldsymbol{y}, \theta)$ は観測データの確率分布であり、未知のパラメータ θ で規定される S は θ によって決まる確率分布の集合を意味し、**統計モデル**と呼ばれます。

いま、確率変数 y が確率(密度)関数 $p(y\mid\theta)$ を持つ確率分布に従い、これに関する n 個の独立な観測値 $\boldsymbol{y} = (y_1, y_2, ..., y_n)'$ が得られたとき、これらの観測値に対する同時確率は

$$p(\boldsymbol{y}\mid\theta) = \prod_{i=1}^{n} p(y_i\mid\theta) \tag{2.4}$$

と書かれます。この同時確率においてデータ $\boldsymbol{y}$ を固定してパラメータ θ の関数としてみたものは、**尤度関数** (likelihood function) と呼ばれます。標本理論に基づくパラメータの推測は、この尤度関数を最大にする値

$$\hat{\theta} = \max_{\theta} p(\boldsymbol{y}\mid\theta) \tag{2.5}$$

を利用する場合が多く、これが**最尤推定値** (maximum likelihood estimate) です。いま、仮定する統計モデル $p(\boldsymbol{y}, \theta)$ のパラメータ θ に何らかの情報が事前に確率分布 $p(\theta)$ として与えられているとき、それを**事前分布**と呼びます。これを観測値 $\boldsymbol{y} = (y_1, y_2, ..., y_n)'$ から計算される尤度 $p(\boldsymbol{y}\mid\theta)$ とベイズの定理で結び付け、**事後分布**

2.1 ベイズ統計の論理

$$p(\theta|\bm{y}) = \frac{p(\theta)p(\bm{y}|\theta)}{p(\bm{y})} \tag{2.6}$$

を導出し、事後分布に基づいて統計的推測を行う様式がベイズ統計です。

事後分布 $p(\theta|\bm{y})$ は、観測値 $\bm{y}$ が与えられたときのパラメータ θ に関する事前情報とデータ情報をそれぞれ事前分布 $p(\theta)$ および尤度関数 $p(\bm{y}|\theta)$ の形ですべて組み込んでいます。事後分布が解析的に評価できるのは稀であるため、事後分布は

$$p(\theta|\bm{y}) \propto p(\theta)p(\bm{y}|\theta) \tag{2.7}$$

として使われることが多くなります。

ベイズ統計ではあらゆる推測が事後分布によってなされます。事後分布のモードや平均、分散などの分布のモーメント、さらに決定理論のリスク関数評価など、ほとんどの統計的推測はパラメータの関数 $g(\theta)$ を用いて事後分布に関する期待値

$$E[g(\theta)|\bm{y}] = \frac{\int g(\theta)p(\theta)p(\bm{y}|\theta)d\theta}{p(\bm{y})} \tag{2.8}$$

によって表すことができます。

例外的なケースを除いて、$E[g(\theta)|\bm{y}]$ や $p(\bm{y})$ など、$p(\theta|\bm{y})$ を含む積分計算のほとんどは解析的に求めることはできません。一般的に事後分布の導出には積分評価が必要となります。1990年代以前は、その積分が解析的に評価できるモデルや問題に制限され、適用範囲は限定的でした。その後、1990年代のマルコフ連鎖モンテカルロ法による事後分布評価法の発展によって、一般的な統計モデルの扱いが計算上可能となり、ベイズ統計学の適用できる範囲が格段に広がりました。

2.1.3 ベイズ推測の構造と特徴

前述のように、データを観測する以前の未知パラメータに関する情報は事前

分布の形に集約し、データ観測後はベイズの定理によって事前分布を更新して事後分布を得るのがベイズ推測の構造です。つまり情報の事前-事後変換が推測の仕組みであり、

$$事後情報 = 事前情報 + データ情報 \tag{2.9}$$

という形で一般論として整理できます。これは、対象や問題に対する分析者の知識を事前情報として表現し、それに観測データの情報を加え、両者を融合することにより情報を更新して新しい知見とする構造であり、ベイズ統計の最大の特徴を表しています。

2.2 事後分布の評価

2.2.1 事後分布の評価：その分類

事後分布の評価は、①共役事前分布の利用、②モンテカルロ積分、③漸近理論に基づく近似に大別できます。

2.2.2 共役事前分布

事後分布は解析的な評価を伴い、一般には閉じた形では求められません。それに対して、ある事前分布を仮定すると、データ情報（データ分布）によって更新された事後分布が同じ種類の分布に入る事前分布——これは共役事前分布族と呼ばれます——を利用するのが古典的な方法です。積分評価が必要ないため計算効率が高く、ビッグデータの分析、とくに機械学習などでは重宝されています。

例えば、正規分布のパラメータに関する推測では、平均パラメータ μ に正規分布する事前分布を設定すると、同じ正規分布の事後分布が展開されます。このように、$[p(\theta), p(\theta\,|\,\bm{y}) \in 特定分布]$ のように、事後分布が事前分布と同じクラスに還元されるとき、これらの事前分布は**共役事前分布**（conjugate prior distribution）と呼ばれます。例えば、第3章で応用するカテゴリ（離散）確率変数に対して、2カテゴリ（二値）の場合、

2.2 事後分布の評価

● ベータ分布族

　ベータ分布（事前）＋ 二項分布（データ）　⇒　ベータ分布（事後）

さらに、3つ以上のカテゴリ（多値）を扱う場合には、

● ディリクレ分布族

　ディリクレ分布（事前）＋ 多項分布（データ）　⇒　ディリクレ分布（事後）

があり、また連続確率変数については、以下が代表的な共役事前分布です。

● 正規分布族

　正規分布（事前）＋ 正規分布（データ）　⇒　正規分布（事後）

　一般に事後分布の評価は積分評価が必要となります。この共役関係が利用できるとき、事後分布の評価は積分が解析的に解けるため容易となります。DeGroot（1970）は多くの確率モデルと統計の問題をこの設定で分析する枠組みを与えています。一般的な事前分布の下でのベイズ推測を可能とする、1990年代以降発展したマルコフ連鎖モンテカルロ法以前の時代では、操作上の便宜的設定として機能してきた面は否めませんでしたが、機械学習による大規模データ処理では計算効率が優先されるため、共役事前分布は再び表舞台に押し出されました。

　次に、共役事前分布を構成する代表的な確率分布のクラスとして、離散分布の場合に二項分布、連続分布の場合に正規分布をとりあげて、共役事前分布と事後分布の関係を具体的にみていきます。

離散分布のベイズ推測：二項分布

　試行の結果が「成功」か「失敗」のいずれかであり、成功の確率が θ である試行は**ベルヌーイ試行**（Bernoulli trial）と呼ばれます。例えば、硬貨を投げて表が出る（$Y=1$）か、裏が出る（$Y=0$）試行は、$\theta = 0.5$ のベルヌーイ試行です。ベルヌーイ試行の確率関数は

$$p(Y|\theta) = \theta^Y (1-\theta)^{1-Y} \qquad (2.10)$$

で与えられ、これは**ベルヌーイ分布**（Bernoulli distribution）と呼ばれます。いま、n 回の独立なベルヌーイ試行 $Y_1, ..., Y_n$ の結果をまとめて $\boldsymbol{y} = (y_1, y_2, ..., y_n)'$ としたとき、これらの同時確率は

$$p(y_1, ..., y_n | \theta) = \theta^{y_1}(1-\theta)^{1-y_1} \cdots \theta^{y_n}(1-\theta)^{1-y_n} \tag{2.11}$$

で与えられ、この同時確率をパラメータの関数としてみたものが尤度関数 $p(\boldsymbol{y}|\theta)$ です。

いま、パラメータ θ に対する事前分布 $p(\theta)$ として、ベータ分布 $B(a,b)$

$$p(\theta) = \frac{\Gamma(a+b)}{\Gamma(a)\Gamma(b)} \theta^{a-1}(1-\theta)^{b-1}, \quad a,b > 0 \tag{2.12}$$

を設定します。ここで、$\Gamma(\cdot)$ はガンマ関数を表します。ベータ分布の平均は

$$E(\theta) = \int_0^1 \theta p(\theta) d\theta = \frac{a}{a+b} \tag{2.13}$$

で、分散は

$$\mathrm{Var}(\theta) = \int_0^1 (\theta - E(\theta))^2 p(\theta) d\theta = \frac{ab}{(a+b)^2(a+b+1)} \tag{2.14}$$

であり、パラメータ (a,b) の値に応じてさまざまな形状をとります。

$a = b = 10$ のように左右対称な正規分布に近い形をしている場合や、$a = b = 0.5$ の場合のようにU字型の分布の場合、また $a = 10, b = 3$ あるいは $a = 30, b = 3$ のように左に歪んだ形をする場合や、$a = 3, b = 30$ あるいは $a = 3, b = 10$ のように右に歪んだ形をする場合もあり、θ に関するさまざまな不確実性をこの分布で表現できます。

このとき事後分布は、

2.2 事後分布の評価

$$\begin{aligned}p(\theta\,|\,\boldsymbol{y}) &\propto p(\theta)p(\boldsymbol{y}\,|\,\theta)\\ &\propto \theta^{a-1}(1-\theta)^{b-1}\theta^{\Sigma_{i=1}^{n}y_i}(1-\theta)^{n-\Sigma_{i=1}^{n}y_i}\\ &\propto \theta^{(a+\Sigma_{i=1}^{n}y_i)-1}(1-\theta)^{(b+n-\Sigma_{i=1}^{n}y_i)-1}\\ &\propto \theta^{a'-1}(1-\theta)^{b'-1}\end{aligned} \qquad (2.15)$$

と展開できます。ここで、$a' = a+\sum_{i=1}^{n}y_i$, $b' = b+n-\sum_{i=1}^{n}y_i$ です。つまり (2.12)式から、事後分布は事前分布と同じ分布族のベータ分布となることがわかります。

◆ ベータ分布-ベルヌーイ分布の事後分布

以上から、事前分布がベータ分布で、尤度関数がベルヌーイ分布に従うとき、事後分布は

$$\theta\,|\,\boldsymbol{y} \sim B\bigl(a+\textstyle\sum_{i=1}^{n}y_i,\, b+n-\sum_{i=1}^{n}y_i\bigr) \qquad (2.16)$$

となります。

図2.1では、事前分布 $B(5,5)$ に対して、$n=40$ 回の試行中、$\sum y_i = 15$ 回成功した場合の尤度関数および事後分布を、Rのプログラムで描いています(Rコードは、本書「はしがき」に掲載したリンク先からダウンロード可能)。

そこでは事前分布が尤度関数の情報によって更新され、両者を融合した形の事後分布が得られていることがわかります。

このとき事後分布の期待値(事後平均)は、

$$E(\theta\,|\,\boldsymbol{y}) = \frac{a'}{a'+b'} = \frac{a+\sum y_i}{a+b+n} \qquad (2.17)$$

と評価されます。またこれは、

$$E(\theta\,|\,\boldsymbol{y}) = wE(\theta)+(1-w)\bar{y} \qquad (2.18)$$

とも書けます。ここで、$w = (a+b)/(a+b+n)$, $\bar{y} = \bigl(\sum_{i=1}^{n}y_i\bigr)/n$ です。つまり (2.17)式は、事後平均が事前分布の平均 $E(\theta)$ とデータの平均 $\bar{y}$ の加重平均で定義されていることがわかります。このウェイト w は、n と $(a+b)$ から構成

図2.1 ベータ-二項分布

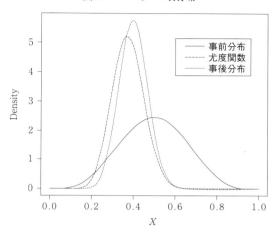

され、n を観測値の"実際のデータ数"とすれば、$(a+b)$ は事前情報として持つ"仮想データ数"（imaginary number of data）と解釈できます。

◆ ベータ分布-二項分布の事後分布

いま、n 回の独立なベルヌーイ試行 $Y_1, ..., Y_n$ を行って Z 回成功する事象は、$Z = Y_1 + Y_2 + \cdots + Y_n$ であり、Z の分布は**二項分布**（binomial distribution）と呼ばれ、$Z \sim Bin(n, \theta)$ と書きます。

n 回の試行中、最初の z 回が連続して成功（$y_1 = y_2 = \cdots = y_z = 1$）し、残りの試行がすべて失敗（$y_{z+1} = y_{z+2} = \cdots = y_n = 0$）である場合を考えると、その同時確率は

$$p(y_1, ..., y_n | \theta) = \{\theta \cdots \theta\}\{(1-\theta) \cdots (1-\theta)\} = \theta^z (1-\theta)^{n-z} \tag{2.19}$$

となります。この同時確率は成功事象の番号が変わっても同じであり、成功事象の番号はこれ以外にも $_nC_z$ 通りの組み合わせの数だけあるので、その確率関数は

$$p(Z | \theta) = {}_nC_z \theta^z (1-\theta)^{n-z} \tag{2.20}$$

で与えられます。いま Z が、$z = \sum_{i=1}^{n} y_i$ と観測されたとき、その尤度関数は、

$$p(z\,|\,\theta,n) = {}_nC_z\theta^z(1-\theta)^{n-z} \propto \theta^z(1-\theta)^{n-z} \tag{2.21}$$

であり、組み合わせの数 ${}_nC_z$ は尤度に影響を与えないことがわかります。また、$z = \sum_{i=1}^{n} y_i$ であることから、ベルヌーイ試行の尤度である(2.11)式と同じであり、したがって、(2.12)式の事前分布の下では、二項分布の事後分布は(2.16)式と同じになります。

連続分布のベイズ推測：正規分布

連続分布の代表的なものは正規分布です。ここではベイズ推測においても中心的な役割を果たし、応用上多くのウェイトを占める正規分布のベイズ推測についてみてみます。

平均 μ、分散 σ^2 の正規分布に従う確率変数 $Y \sim N(\mu, \sigma^2)$ の確率密度関数は

$$p(y\,|\,\mu, \sigma^2) = \frac{1}{\sqrt{2\pi\sigma^2}} \exp\left\{-\frac{1}{2\sigma^2}(y-\mu)^2\right\} \tag{2.22}$$

で与えられます。Y に関する n 個の無作為標本 $\boldsymbol{y} = (y_1, ..., y_n)'$ を用いて母集団パラメータ (μ, σ^2) を推測する問題を考えます。

◆ μ の推測：σ^2 が既知の場合

無作為標本 $y_1, ..., y_n$ は互いに独立であることから、同時確率密度関数は、各標本に対する確率密度関数 $p(y_i\,|\,\mu, \sigma^2)$, $i = 1, ..., n$ の積で以下のようになります。

$$\begin{aligned}
p(\boldsymbol{y}\,|\,\mu, \sigma^2) &= \prod_{i=1}^{n} \frac{1}{\sqrt{2\pi\sigma^2}} \exp\left\{-\frac{1}{2\sigma^2}(y_i-\mu)^2\right\} \\
&= \left(\frac{1}{\sqrt{2\pi\sigma^2}}\right)^n \exp\left\{-\frac{1}{2\sigma^2}\sum_{i=1}^{n}(y_i-\mu)^2\right\}
\end{aligned} \tag{2.23}$$

まず、分散 σ^2 が既知で、平均パラメータ μ を推測する場合をとりあげます。

この同時確率密度関数をパラメータ μ の関数とみた場合に、$p(\boldsymbol{y}\,|\,\mu)$ が μ の尤度関数です。いま、μ に対する事前分布を平均 μ_0、分散 σ_0^2 の正規分布、つま

り、$\mu \sim N(\mu_0, \sigma_0^2)$ とすると、μ の事後分布はベイズの定理から、事前分布

$$p(\mu) = \frac{1}{\sqrt{2\pi\sigma_0^2}} \exp\left\{-\frac{1}{2\sigma_0^2}(\mu-\mu_0)^2\right\} \tag{2.24}$$

と(2.23)式の尤度関数 $p(\boldsymbol{y}|\mu)$ の積で導出され、事後分布のカーネル（積分定数を除いた確率密度関数の核となる部分）は次のように書かれます。

$$p(\mu|\boldsymbol{y}) \propto \exp\left\{-\frac{(\mu-\mu_0)^2}{2\sigma_0^2} - \frac{\sum_{i=1}^n(y_i-\mu)^2}{2\sigma^2}\right\} \tag{2.25}$$

したがって事後分布は次のように表現できます（例えば、照井 2010 の第 4 章を参照）。

$$p(\mu|\boldsymbol{y}) \propto \exp\left\{-\frac{(\mu-\mu^*)^2}{2\sigma^{*2}}\right\} \tag{2.26}$$

ここで、

$$\mu^* = \frac{(1/\sigma_0^2)\mu_0 + (n/\sigma^2)\bar{y}}{1/\sigma_0^2 + n/\sigma^2} = \omega\mu_0 + (1-\omega)\bar{y} \tag{2.27}$$

また、$\omega = \frac{1/\sigma_0^2}{1/\sigma_0^2 + n/\sigma^2}$ です。つまり、前節の離散型確率分布の場合と同様に、事後分布の平均は、事前分布の平均 μ_0 とデータの平均 $\bar{y}$ の、ω をウェイトとする加重平均になっていることがわかります。さらに事後分布の分散は

$$\sigma^{*2} = \frac{1}{1/\sigma_0^2 + n/\sigma^2} \tag{2.28}$$

と評価されます。したがって、μ の事後分布は平均 μ^*、分散 σ^{*2} の正規分布

正規-正規分布の事後分布（σ^2 既知）

$$\mu|\boldsymbol{y} \sim N(\mu^*, \sigma^{*2}) \tag{2.29}$$

2.2 事後分布の評価

となっています。

◆ μ, σ^2 の推測：共役事前分布と事後分布

次に、平均も分散も未知の場合を考えます。これらの**同時事前分布** $p(\mu, \sigma^2)$ が、

$$p(\mu, \sigma^2) = p(\mu \mid \sigma^2) p(\sigma^2) \tag{2.30}$$

と書けることを利用して、σ^2 を与えたときの μ の**条件付き事前分布**が平均 μ_0、分散 σ^2/k_0 の正規分布、さらに σ^2 の周辺事前分布が、パラメータ $(r_0/2, s_0/2)$ の逆ガンマ分布

$$\mu \mid \sigma^2 \sim N\left(\mu_0, \frac{\sigma^2}{k_0}\right), \quad \sigma^2 \sim IG\left(\frac{r_0}{2}, \frac{s_0}{2}\right) \tag{2.31}$$

であるとします。このとき、同時事前分布は

$$\begin{aligned} p(\mu, \sigma^2) &= p(\mu \mid \sigma^2) p(\sigma^2) \\ &\propto (\sigma^2)^{-(r_0+1)/2-1} \exp\left(-\frac{1}{2\sigma^2}\left[k_0(\mu-\mu_0)^2 + s_0\right]\right) \end{aligned} \tag{2.32}$$

と書かれます。この事前分布は、**正規-逆ガンマ事前分布** (normal-inverse gamma prior) と呼ばれ、$N\text{-}IG(\mu_0, k_0; r_0, s_0)$ と記します。

このとき、μ, σ^2 の**同時事後分布** $p(\mu, \sigma^2 \mid \boldsymbol{y})$ は、σ^2 を与えたときの μ の**条件付き事後分布** $p(\mu \mid \boldsymbol{y}, \sigma^2)$ と σ^2 の**周辺事後分布** $p(\sigma^2 \mid \boldsymbol{y})$ の積であり、

$$\begin{aligned} p(\mu, \sigma^2 \mid \boldsymbol{y}) &= p(\mu \mid \boldsymbol{y}, \sigma^2) p(\sigma^2 \mid \boldsymbol{y}) \\ &\propto (\sigma^2)^{-1/2} \exp\left(-\frac{1}{2\sigma^2}\left[k_n(\mu-\mu_n)^2\right]\right) \times (\sigma^2)^{-(r_n/2)-1} \exp\left(-\frac{s_n}{2\sigma^2}\right) \end{aligned} \tag{2.33}$$

と書かれます。したがって、σ^2 を与えたときの μ の条件付き事後分布は正規分布で与えられ、σ^2 の周辺事後分布は逆ガンマ分布で与えられることがわかります。これを整理すると、次の結果となります。

正規-逆ガンマ事前分布（$N\text{-}IG(\mu_0, k_0; r_0, s_0)$）

$$\mu | \sigma^2, \boldsymbol{y} \sim N\left(\mu_n, \frac{\sigma^2}{k_n}\right) \tag{2.34}$$

$$\sigma^2 | \boldsymbol{y} \sim IG\left(\frac{r_n}{2}, \frac{s_n}{2}\right) \tag{2.35}$$

ここで、

$$\mu_n = \frac{k_0}{k_0 + n}\mu_0 + \frac{n}{k_0 + n}\bar{y}, \quad k_n = k_0 + n$$

$$r_n = r_0 + n, \quad s_n = s_0 + (n-1)s^2 + \frac{k_0 n}{k_0 + n}(\mu_0 - \bar{y})^2$$

このように、正規-逆ガンマ事前分布 $N\text{-}IG(\mu_0, k_0; r_0, s_0)$ は事後分布でも同じ正規-逆ガンマ事後分布 $N\text{-}IG(\mu_n, k_n; r_n, s_n)$ の形をとり、共役事前分布として利用されます。

2.2.3 モンテカルロ積分法

これに対して事後分布評価に伴う高次元積分を、モンテカルロ法によって数値的に評価する方法があります。θ の事後確率密度関数を $p(\theta|\boldsymbol{y})$ とするとき、ある関数 $g(\theta)$ の事後分布に関する期待値は $r = E[g(\theta)|\boldsymbol{y}] = \int g(\theta) \times p(\theta|\boldsymbol{y})d\theta$ となります。この積分値は、$p(\theta|\boldsymbol{y})$ からの N 個の独立な標本 $\{\theta^{(1)}, \theta^{(2)}, ..., \theta^{(N)}\}$ を用いて

$$\lim_{N \to \infty} \frac{1}{N}\sum_{i=1}^{N} g(\theta^{(i)}) \to E[g(\theta)] \tag{2.36}$$

と、標本平均が真の平均値へ収束する性質である"大数の法則"を利用して求めることができます。この方法は、**モンテカルロ積分**と呼ばれます。

この方法の基礎になる分布からの標本の抽出法としては、受容/棄却法やインポータンス・サンプリングなど、直接的・間接的にサンプリングを行う方法があります。しかし、これらの手法は、パラメータの次元が大きいときには非効率的な方法となります。

2.2 事後分布の評価

それに対して、繰り返しシミュレーション法の一つのクラスである**マルコフ連鎖モンテカルロ法**（Markov chain Monte Carlo：**MCMC**）は、複雑なモデルに対する一般的な解法として展開でき、さまざまな分野で急速に応用されてきました。MCMC 法は事後分布 $p(\theta|\boldsymbol{y})$ の評価に際し、$(i-1)$ 回の繰り返しで生成した乱数 $\theta^{(i-1)}$ を条件付きにして、次の乱数 θ^i を $p(\theta^{(i)}|\theta^{(i-1)},\boldsymbol{y})$ から発生させる方法です。独立に乱数を生成せず、一期前に依存して生成させるというマルコフ性を持ちながらチェーンのように乱数生成するのでこのように呼ばれます。

MCMC 法は、事後分布に従う必ずしも独立でない標本からエルゴード性を有するマルコフ・チェーンをシミュレートする方法であり、その代表的アルゴリズムとして**ギブス・サンプリング**（Gibbs sampling）があり、さまざまな統計モデルに適用されています。このギブス・サンプリング法は、パラメータを (θ_1, θ_2) と分割し、相互の条件付き事後分布 $p(\theta_1|\theta_2,\boldsymbol{y})$ および $p(\theta_2|\theta_1,\boldsymbol{y})$ からのサンプリングが可能な場合（完全条件付き事後分布と呼ばれます）に限定されます。

この完全条件付き事後分布が利用できない場合にも適用される MCMC 法のアルゴリズムとして、**メトロポリス - ヘイスティング（M-H）サンプリング**もあります。現代のベイズ統計モデリングは、共役事前分布と MCMC 法を上手に組み合わせて、分析対象に対して効率的で柔軟なモデリング技術を提供しています。

ビッグデータの分析においては、データ量が大規模であるために計算量は膨大になります。MCMC 法などのモンテカルロ積分法は、それ自体計算時間のかかる方法であり、必ずしもビッグデータ分析に向いた方法ではありません。むしろ、スモールデータできめ細かい分析を必要とする複雑な問題に対して有効な手法と言えます。ビッグデータの分析では大雑把でも計算効率の良い事前分布の設定による分析が使われます。そこでは、大規模なデータ情報で事前分布の設定の問題は相対的に小さくなるという発想でモデリングが行われます。

以上の事後分布評価法を含め、ベイズ統計全般については、拙著（照井 2010）および伊庭他（2005）などを参照してください。

2.2.4　解析的近似法

　この他にも、近似を用いる方法があります。中でも事後分布を正規分布で近似するラプラス近似、同時事後分布を独立な一変量分布の積で近似しようとする**変分ベイズ**（Variational Bayes：VB）法がよく使われるものであり、とくに機械学習分野では、後者が活用されます。機械学習のバイブル的著書であるビショップ（2007）にこの解説があります。

　前述のように、事後分布は学習を自然な形で表現する手立てである一方で、その評価は解析的に困難な場合が多く、またモンテカルロ積分もビッグデータでは計算負荷が掛かり過ぎる欠点が現れます。そこで、事後分布の評価が容易になる共役事前分布や近似法が使われます。

【参考文献】

伊庭幸人・種村正美・大森裕浩・和合肇・佐藤整尚・高橋明彦（2005）『マルコフ連鎖モンテカルロ法とその周辺（統計科学のフロンティア12　計算統計Ⅱ）』岩波書店

照井伸彦（2010）『Rによるベイズ統計分析』朝倉書店

ビショップ、C. M.（2007, 2008）『パターン認識と機械学習（上・下）』元田浩・栗田多喜夫・樋口知之・松本裕治・村田昇訳、シュプリンガー

DeGroot, M.（1970）*Optimal Statistical Decisions*, McGraw-Hill.

第3章 状態の推定とベイジアンネットワーク

　近年急速に応用が進んでおり、ビッグデータ分析でも盛んに使われるベイズ統計を使った解析法を説明します。まず、頻度主義の統計学とは異なるベイズ統計の論理と逆推論の形式の説明からからはじめます。応用として、人工知能や機械学習のテーマである分類と状態推定、およびネットワーク構造を通じた因果推論について学び、それぞれナイーブ・ベイズ分類器とベイジアンネットワークをとりあげます。

3.1 状態推定とベイズ分類器：迷惑メールの判別

3.1.1　ベイズの定理と機械学習による分類

　第2章で学んだベイズ推測のビッグデータ分析への応用として、機械学習の手法として知られるベイズ分類器をとりあげましょう。例として、電子メールにおける迷惑メールの判別問題を扱います。

　いま、事象 A は「迷惑メール（A_1）」または「通常メール（A_2）」のいずれかであり、事象 B は「n 個の単語（$w_1, w_2, ..., w_n$）から構成されているメールを受信する」を意味することとします。そのとき、メール B を受信して、それが迷惑メール（A_1）である確率 $P(A_1|B)$ は、ベイズの定理を用いて以下のように表されます。

3.1 状態推定とベイズ分類器：迷惑メールの判別

$$P(A_1|B) = \frac{P(A_1)P(B|A_1)}{P(B)} \tag{3.1}$$

また、B が「通常メール（A_2）」である確率 $P(A_2|B)$ は $1-P(A_1|B)$ で規定されます。

メール B が迷惑メールか否かの判別は、この単純なベイズの定理に基づいて行われ、

$$P(A_1|B) > P(A_2|B) \text{ のとき、メール } B \text{ を「迷惑メール」に分類} \tag{3.2}$$

と判断します。このとき問題は、確率 $P(A_1)$, $P(B|A_1)$, $P(B)$、および $P(B|A_2)$ がどのように評価できるかにあります。まず $P(B)$ は、n 個の単語（$w_1, w_2, ..., w_n$）から構成されるメール B を受信する確率であり、事象 A の結果にかかわらず一定で、分類ルール (3.2) 式に影響を与えないことに注意します。このとき、分類ルール (3.2) 式は次と同値になります。

$$\begin{aligned} &P(A_1)P(B|A_1) > P(A_2)P(B|A_2) \text{ のとき、} \\ &\text{メール } B \text{ を「迷惑メール」に分類} \end{aligned} \tag{3.2}'$$

したがって分類のために必要な量は、$P(A_1)$, $P(B|A_1)$、および $P(A_2)$, $P(B|A_2)$ です。

まず $P(A_1)$ は、メール B を受信する以前に迷惑メールが発生する確率（事前確率）、$P(B|A_1)$ は迷惑メール（A_1）の場合、メール B の単語（$w_1, w_2, ..., w_n$）が出現する確率（尤度）を意味します。$P(A_2)$ と $P(B|A_2)$ も同様に定義されます。これらはどのように規定されるでしょうか。

これらは、「訓練データ」と呼ぶ過去のデータから構成することができます。つまり、まず過去に受信したメールを「迷惑メール」と「通常メール」に人力で分類して、いわばデータベースを作ります。例えば、1000通のメールを手動で分類して、200通が迷惑メールであったとします。このとき $P(A_1)$ は0.2、$P(A_2)$ は0.8となります。

次に、訓練データのメール全体に含まれる語彙の種類が M 個（$v_1, v_2, ..., v_M$）

図3.1 ナイーブ・ベイズ分類器による迷惑メールの判別

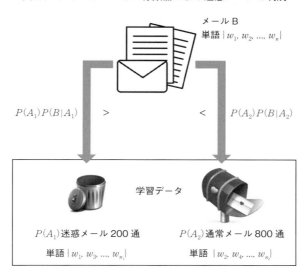

あり、そのうち M_1 個が迷惑メール、M_2 個が通常メールであるとします。ただし、どちらのメールにも含まれる語彙も考えられるので、$M_1 + M_2 = M$ とは限りません。「訓練データ」にある200通の迷惑メールに含まれる語彙が M_1 個 ($v_1, v_2, ..., v_{M_1}$) あり、各語彙 v_j の頻度をカウントして迷惑メール A_1 に語彙 v_j が含まれる確率 $P(v_j|A_1)$ を計算します。同様に、通常メールにある800通に含まれる語彙 M_2 個 ($v_1, v_2, ..., v_{M_2}$) を用いて、通常メール A_2 に語彙 v_j が含まれる確率 $P(v_j|A_2)$ を計算します（図3.1）。

このとき、「単純なベイズ分類器」または「ナイーブ・ベイズ分類器」と呼ばれる分類法は、"各単語 w_i は独立に発生する"という仮定を置き、受信メール B が迷惑メールの場合にそれに含まれる n 個の単語 ($w_1, w_2, ..., w_n$) の出現確率を

$$P(B|A_1) = P(w_1|A_1)P(w_2|A_1)\cdots P(w_n|A_1) \tag{3.3}$$

で評価します。これにより、訓練データから $P(A_1)$ および $P(B|A_1)$ を計算することで、$P(A_1)P(B|A_1)$ を計算します。同様に、受信メール B が通常メール A_2 の場合についても、$P(B|A_2)$ を(3.3)式と同様に計算し、$P(A_2) = 0.8$ と掛け合

わせて $P(A_2)P(B|A_2)$ を求めます。

　(3.2)'式の分類ルールに従ってメール B の判別を行うのが、ナイーブ・ベイズ分類器と呼ばれる方法で、単語をバッグに入れるイメージから Bag of Words などとも呼ばれます。訓練データを用意することで現在の状態を分類する「機械学習」の代表的手法です。また、$(v_1, v_2, ..., v_M)$ が独立に出現するという仮定は時には強い仮定であり、例えば、2つの語彙 v_i, v_j は同時に出現しやすいなどが現実的ですが、独立として単純化するのがナイーブ（単純な）ベイズ分類器と呼ばれる所以です。これで一定の精度があり、訓練データが大規模であればその問題も緩和されます。

　ビッグデータの分析では、複雑なモデリングは計算時間を要して実際の利用では役立たない場合もあり、単純さは重要な要素となります。精度を担保しながら瞬時に分析できる手法がビッグデータ分析では求められます。

3.1.2　確率モデルとゼロ頻度問題

　もし、メール B にある単語 w_d が迷惑メールの訓練データに含まれていない場合はどうなるでしょうか。この場合、通常メールの訓練データにはあり、$P(w_d|A_2) > 0$ とします。このとき $P(w_d|A_1)$ はゼロ、その結果 $P(B|A_1)$ も判別確率 $P(A_1|B)$ もゼロとなり、通常メールと判断されてしまいます。少なくとも1つの単語が迷惑メールの訓練データにない場合には、このような不合理な状況に陥ります。この場合、仮想的なデータを想定してこれに対処するベイズ確率モデルが提案されています。

　まず、モデルには次の仮定が置かれます。

① メール文書は単語の系列である。
② 語彙 i の出現確率は他の語彙 j と独立である。

　いま、すべての訓練データにあるメール（およびメール B）に含まれる単語の総数を N、各単語 w_i（重複を許す）が A_k に含まれる確率を $P(w_i|A_k)$、語彙の種類を M とします。ここで $k = 1, 2$ です。このとき、語彙 v_j が A_k で出現する確率を p_{kj}、メール B における v_j の出現頻度を f_{kj} とすれば、$P(v_j|A_k) = p_{kj}{}^{f_{kj}}$ で表されます。そのとき、(3.3)式は、

$$P(B|A_k) = \prod_{i=1}^{N} P(w_i|A_k) = p_{k1}{}^{f_{k1}} p_{k2}{}^{f_{k2}} \cdots p_{kM}{}^{f_{kM}} = \prod_{j=1}^{M} p_{kj}{}^{f_{kj}} \qquad (3.4)$$

で表されます。ここで各単語 w_i は同じ単語を含むこと、f_{kj} にはゼロ頻度のものを含むことに注意しましょう。

このとき、事象 A_k に対する事前分布には、次のディリクレ分布と呼ばれる確率分布を仮定します。ディリクレ分布は3つ以上の M 個のカテゴリにそれぞれ確率 $p_1, p_2, ..., p_M$ で振り分ける確率分布（ここで、$\sum_{j=1}^{M} p_j = 1$）で、2つのカテゴリに振り分けるベータ分布を多変量へ拡張した確率分布です。その確率密度関数は以下で与えられます。

$$P(A_k) = \frac{\Gamma(\sum_{j=1}^{M} \alpha_j)}{\prod_{i=1}^{M} \Gamma(\alpha_i)} \prod_{j=1}^{M} p_j{}^{\alpha_j - 1} \qquad (3.5)$$

ここで、$\Gamma(\alpha_i)$ はガンマ関数を表します。これは、$\sum_{j=1}^{M}(\alpha_j-1)$ 個のデータのうち α_j-1 個がカテゴリ j に p_j の確率で振り分けられることを意味します。多項分布の場合は度数が整数値なのに対して、α_j は正の実数値をとり、現実の度数とはできませんが、想像上の観測（imaginary sample）数と解釈します。

このとき事後確率は、迷惑メール（A_1）および通常メール（A_2）に共通で定数項を意味するガンマ関数部分を省略すると、以下で表されます。

$$\begin{aligned} P(A_k|B) &\propto P(A_k) P(B|A_k) \\ &\propto \left(\prod_{j=1}^{M} p_{kj}{}^{\alpha_j-1} \right) \left(\prod_{j=1}^{M} p_{kj}{}^{f_{kj}} \right) = \prod_{j=1}^{M} p_{kj}{}^{\alpha_j + f_{kj} - 1} \end{aligned} \qquad (3.6)$$

事前分布と事後分布は、指数部分のディリクレ分布パラメータが異なるだけで、同じディリクレ分布をしています。このような事前分布と事後分布の関係は共役な関係です。第2章で説明したように、事後分布は一般に積分評価が必要となりますが、共役な関係があれば、積分問題を回避することができます。

いま、この事後確率を最大にする値として p_{kj} の推定値を求めます。このとき M 種類の単語の出現確率の総和は1である $\sum_{j=1}^{M} p_j = 1$ の制約があり、この制約の下で事後確率 $P(A_k|B)$ を最大にする推定値 $\hat{p}_{kj}$ は、制約付き最大化問題

として定式化され、ラグランジュ乗数法によって求められます。証明は省略しますが、解は次のようになります。

$$\hat{p}_{kj} = \frac{f_{kj}+\alpha_j-1}{\sum_{j=1}^{M}(f_{kj}+\alpha_j-1)} \tag{3.7}$$

もし、メール B に含まれない単語 j があった場合は、ゼロ頻度 $f_{kj}=0$ となります。α_j は事前分布のパラメータ（ハイパーパラメータと呼ばれます）で、訓練データにある単語の頻度が使われ、また訓練データにも含まれない単語の場合は、仮想的な頻度を意味します。例えば、$\alpha_j=2$ と置くとすれば、ゼロ頻度 $f_{kj}=0$ の場合でも出現確率は $\hat{p}_{kj} = \frac{1}{\sum_{j=1}^{M}f_{kj}+M}$ でゼロとはならずにこの問題を回避できます。ベイズ推測を使わない場合でも、同じ仮定の下で p_j の推定値 $\hat{p}_{kj} = \frac{f_{kj}}{\sum_{j=1}^{M}f_{kj}}$ を求められますが、確率がゼロとなってしまい、判別ルール (3.2), (3.2)' 式は機能しなくなります。

この分類器は、例にとりあげた「迷惑」、「通常」の2つのカテゴリへの分類だけでなく、3つ以上のカテゴリへの分類へも容易に拡張できます。

3.1.3　Rによる分析例

次に、フリーの統計パッケージRを用いて、ナイーブ・ベイズ分類器により迷惑メールを分類してみましょう。本書では紙面の都合上、Rについての基礎知識を前提にして話を進めます。ここ数年の間にRを使った多くの統計分析のテキストが出版されており、それらの付録にRのダウンロード先やインストール手順が解説してありますので、必要に応じてそれらを参考にしてください。例えば、照井・佐藤（2013）の付録ではRのインストール手順があります。より使いやすいRコマンダーを中心に解説している、R言語の基礎を含めた統計分析としては、金（2007）、小暮（2009）などが参考になるでしょう。

さて、本書「はしがき」で記載したリンク先に、本章のナイーブ・ベイズ分類器のRコードがあります。そこには2つのRコードのファイルがあります。まず、Spam_Function.R は学習用データ作成のコードでこれ自体を操作する必要はなく、本体の Main_Code.R を実行させます。

分析には、①文章を単語に分ける前処理（形態素解析）を行います。これは、

図3.2　Rによる迷惑メール判別の出力

```
> classify("この度は貴殿が使用されたプロバイダー及び電話回線から接続された有料サイト
利用料金について、運営業者より利用料金支払遅延に関して料金等支払遅延者リスト（ブラック
リスト）掲載要請を受けました。")
[1] "p(Spam)"     "p(non-Spam)"
[1] 2.372521e-123 3.250329e-131
[1] "スパムメール"
> classify("電車が止まっており、出社が遅れそうです。申し訳ありません。")
[1] "p(Spam)"     "p(non-Spam)"
[1] "2.262645e-45 1.035644e-42
[1] "一般メール"
```

文書から意味を持つ最小の語（これを形態素と呼びます）を抽出する形態素解析といわれる前処理です。ここでは、MeCabという定評あるフリーのソフトウェアを使います。次に、②訓練データを読み込みます。ここでは練習用に、3つの迷惑メールと2つの通常メールに含まれる単語の種類と頻度の訓練データが、上述のSpam_Function.Rによりすでに作成されています。これは、さらに数を増やして訓練データを蓄積すると精度が増します。少ない訓練データの場合にはゼロ頻度問題が起こることが想像できますが、上述のベイズ推定によりこれを回避していることに注意しましょう。続いて、③ナイーブ・ベイズ分類器のコードを"naïve"として読み込みます。最後に、④到着したメールを指定して分類器にかけます。コードでは、2つのメール文書を分類器にかけた結果、図3.2の出力が得られます。

最初のメールは、迷惑（スパム）メールの確率 p(spam) が通常メールの確率 p(nonspam) より大きく"スパムメール"と判断され、2番目のメールは逆で、"通常（一般）メール"と判断されました。

BIGDATA 3.2　ベイジアンネットワーク：症状から原因を探る

3.2.1　ベイジアンネットワークの考え方

次に、観測データの頻度から変数間の因果構造を探り、それをネットワーク図で表現するベイジアンネットワークを説明します。さらにこの手法は、結果

3.2 ベイジアンネットワーク：症状から原因を探る

図3.3 ベイジアンネットワークのグラフィカルモデル

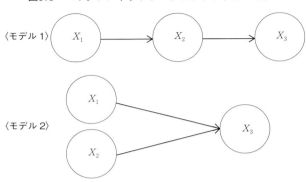

が与えられたときにその原因を探る逆確率の推論を行えます。例えば、病気の各種の症状（発熱、咳、おう吐など）から、病気の状態を表す病名を診断することもできます。またこの手法は、機械故障の複数の現象から故障の原因を探るモデルとしても使われ、人工知能の分析手法のひとつとして知られています。

ベイジアンネットワークは、①多変数の関係（ここは因果関係と呼びましょう）をそれらの観測頻度から探索的に求め、さらに、②ある変数が特定の値をとったときにその原因となる変数を推測する手法です。まず、簡単な3変数の場合でこれをみてみましょう。

3.2.2 ネットワーク構造の探索

X_1, X_2, X_3 は確率変数であり、その同時確率密度関数 $P(X_1, X_2, X_3)$ が次のように規定されたとし、これをモデル1とします。

$$\langle モデル1 \rangle \, P(X_1, X_2, X_3) = P(X_1)P(X_2|X_1)P(X_3|X_2) \quad (3.8)$$

ここで、$P(X_2|X_1)$ は X_1 が与えられたときの X_2 の条件付き確率分布を表します。このとき、この条件付き分布は、X_2 が X_1 の値に応じて決まるものとして、X_2 から X_1 への因果関係を表すものとします。$P(X_3|X_2)$ も同様です。モデル1は、X_1 が X_2 を引き起こし、さらに X_2 が X_3 を引き起こすという仮定で、図3.3ではこの関係をグラフにより矢印の関係で表しています。これはグラフィカルモデルと呼ばれます。

次に、簡単化のために、3つの変数はそれぞれの現象が"起きたか（1）"、"起きなかったか（0）"の二値変数とし、7人（件）に関するデータが表3.1Aのように観測されているものとします。この観測データ表から、まず周辺確率分布 $P(X_1), P(X_2), P(X_3)$ が計算でき、それらが表の下に記載されています。またこの観測データ表から、条件付き確率分布表 $P(X_2|X_1)$ および $P(X_3|X_2)$ が計算でき、その下の表Bにまとめられています。また観測値が独立であるとして、(3.8)式の右辺にある周辺確率と条件付き確率から計算されるモデル1の同時確率を計算したのが、表Dのモデル確率の数値です。

次に、別の因果関係を意味するモデル2の可能性もとりあげ、それを

$$\langle モデル2 \rangle \quad P(X_1, X_2, X_3) = P(X_1)P(X_2)P(X_3|X_1, X_2) \tag{3.9}$$

とします。これは"X_1 と X_2 が独立"であり、"X_1 と X_2 が X_3 を引き起こす"モデルです。この右辺は表3.1Cの条件付き確率表から計算され、それをモデル確率と呼ぶことにします。モデル確率は、(3.9)式の左辺の同時確率（尤度に対応します）の推定値であり、表Dに記載してあります。

このとき、モデル1とモデル2の比較を行い、モデル確率がより大きなモデルを選び、それを変数間の構造とします。さらに別の因果関係も考えうるのであれば、同様に、それをモデルの右辺の条件付き確率および周辺確率で表現して別のモデルとし、右辺によって定義されるモデルの同時確率の推定値であるモデル確率を求め、最も大きなモデル確率を持つモデルが支持されることになります。表3.1の例では、モデル1およびモデル2のモデル確率は、それぞれ $1.93\mathrm{E}-08 (=1.93 \times 10^{-8})$、0 と求まります。絶対水準ではほとんど差は見えませんが、モデル確率値の大きいモデル1が支持されると結論します。またモデル2はゼロの条件付き確率をもつためモデル確率がゼロとなり、ナイーブ・ベイズ分類器でみたゼロ頻度問題がここでも現れます。

以上が、ベイジアンネットワークの第1ミッションである、構造の探索のやり方です。

3.2.3 因果の逆転

次に第2ミッションである、②ある変数が特定の値をとったときに、その原

3.2 ベイジアンネットワーク：症状から原因を探る

表3.1 観測データ、周辺確率、条件付確率、モデル確率

A 観測データと周辺確率

ID	X_1	X_2	X_3
1	1	0	1
2	0	0	0
3	1	1	1
4	1	1	0
5	1	1	1
6	0	1	0
7	1	0	0
度数	5	4	3
$P(X_i = 1)$	0.71	0.57	0.43
$P(X_i = 0)$	0.29	0.43	0.57

B 条件付き度数｜条件付き確率 $P(X_i | X_j)$

	$X_2 = 1$	$X_2 = 0$	$P(X_2=1|X_1)$	$P(X_2=0|X_1)$
$X_1 = 1$	3	2	0.60	0.40
$X_1 = 0$	1	1	0.50	0.50

	$X_3 = 1$	$X_3 = 0$	$P(X_3=1|X_2)$	$P(X_3=0|X_2)$
$X_2 = 1$	2	2	0.50	0.50
$X_2 = 0$	1	2	0.33	0.67

C 条件付き度数｜条件付き確率 $P(X_3 | X_1, X_2)$

	$X_1 = 1$		$X_1 = 0$	
	$X_2 = 1$	$X_2 = 0$	$X_2 = 1$	$X_2 = 0$
$X_3 = 1$	2	1	0	0
$X_3 = 0$	1	1	1	1
$P(X_3=1|X_1, X_2)$	0.67	0.50	0.00	0.00
$P(X_3=0|X_1, X_2)$	0.33	0.50	1.00	1.00

D モデル確率

X_1, X_2, X_3	モデル1	モデル2
(1,1,1)	0.21	0.27
(1,1,0)	0.21	0.14
(1,0,0)	0.19	0.15
(0,1,1)	0.07	0.00
(0,1,0)	0.07	0.16
(0,0,0)	0.10	0.12
(1,0,1)	0.10	0.15
(0,0,1)	0.05	0.00
モデル確率	1.93E-08	0

図3.4 医療診断のベイジアンネットワーク

X_1：風邪　X_2：花粉症　X_3：鼻水　X_4：発熱

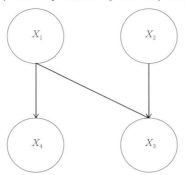

$$P(X_1, X_2, X_3, X_4) = P(X_4|X_1)P(X_3|X_1, X_2)P(X_1)P(X_2)$$

因となる変数を推測する手法について説明します。いま、モデル1において、中間の変数 X_2 の状態（例えば "X_2 が起きた ($X_2 = 1$)" ことを与件としたときに、その原因変数である X_1 の状態を推測する問題です。$P(X_1|X_2 = 1)$ が求める量であり、これは結果から原因の状態を探る逆推論であり、ベイズの定理により下記のように定義できます。

$$P(X_1|X_2 = 1) = \frac{P(X_1)P(X_2 = 1|X_1)}{P(X_2 = 1)} \quad (3.10)$$

X_1 は二値変数であるので、求めるのは $P(X_1 = 1|X_2 = 1)$ および $P(X_1 = 0|X_2 = 1)$ です。これらを求めるには、周辺確率 $P(X_1)$ および条件付き確率 $P(X_2 = 1|X_1)$ が必要となります。前者は $P(X_1 = 1), P(X_1 = 0)$、後者は $P(X_2 = 1|X_1 = 1), P(X_2 = 1|X_1 = 0)$ をそれぞれ相対頻度分布表から求めれば計算できます。

図3.4は医療診断の例であり、変数は X_1：風邪、X_2：花粉症、X_3：鼻水、X_4：発熱、の変数に対して、風邪（X_1）は鼻水（X_3）および発熱（X_4）の症状を引き起こしますが、花粉症（X_2）は鼻水（X_3）だけの症状を呈することを表すモデルです。また、風邪（X_1）と花粉症（X_2）は独立であるとも仮定しています。これを確率の数式で表現すると以下のようになります。

3.2 ベイジアンネットワーク：症状から原因を探る

表3.2 医療診断の確率表（分布）

風邪の確率：$P(X_1)$	
$X_1 = 1$	0.1
$X_1 = 0$	0.9

花粉症の確率：$P(X_2)$	
$X_2 = 1$	0.1
$X_2 = 0$	0.9

鼻水の条件付き確率：$P(X_3 \mid X_1, X_2)$				
	$X_1 = 1$		$X_1 = 0$	
	$X_2 = 1$	$X_2 = 0$	$X_2 = 1$	$X_2 = 0$
$X_3 = 1$	0.7	0.4	0.5	0.01
$X_3 = 0$	0.3	0.6	0.5	0.99

発熱の条件付き確率：$P(X_4 \mid X_1)$		
	$X_1 = 1$	$X_1 = 0$
$X_4 = 1$	0.9	0.2
$X_4 = 0$	0.1	0.8

$$P(X_1, X_2, X_3, X_4) = P(X_4|X_1)P(X_3|X_1, X_2)P(X_1)P(X_2) \tag{3.11}$$

変数はいずれも二値変数です。いま、n 人に対して X_1, X_2, X_3, X_4 に関する調査を行い、データを取得したとします。そのとき、1番目の人は、$(X_1 = 0, X_2 = 1, X_3 = 1, X_4 = 0)$、2番目の人は $(X_1 = 1, X_2 = 1, X_3 = 0, X_4 = 1)$ などのデータがあり、これらのデータからさまざまな相対頻度を求め、右辺に現れる周辺確率および条件付き確率が表3.2のように与えられているとしましょう。

このとき、症状として鼻水が出ている $(X_3 = 1)$ とき、原因が花粉症 $(X_2 = 1)$ である確率を、ベイズの定理により求めることができます。まず表3.2の確率表に従って、$P(X_2 = 1|X_3 = 1) = P(X_2 = 1, X_3 = 1)/P(X_3 = 1)$ を求めましょう。まず右辺の分子にある同時確率 $P(X_2 = 1, X_3 = 1)$ は、次のように計算できます。

$$\begin{aligned}
P(X_2 = 1, X_3 = 1) &= \sum_{X_1=0}^{1} \sum_{X_4=0}^{1} P(X_1, X_2 = 1, X_3 = 1, X_4) \\
&= \sum_{X_1=0}^{1} \sum_{X_4=0}^{1} P(X_4 \mid X_1) P(X_3 = 1 \mid X_1, X_2 = 1) P(X_1) P(X_2 = 1) \\
&= 0.9 \times 0.7 \times 0.1 \times 0.1 + 0.1 \times 0.7 \times 0.1 \times 0.1 + 0.2 \times 0.5 \times 0.9 \times 0.1 \\
&\quad + 0.8 \times 0.5 \times 0.9 \times 0.1 = 0.052
\end{aligned}$$

一方、右辺の分母にある周辺確率 $P(X_3 = 1)$ は、

$$P(X_3 = 1) = \sum_{X_1=0}^{1} \sum_{X_2=0}^{1} \sum_{X_4=0}^{1} P(X_1, X_2, X_3 = 1, X_4)$$
$$= \sum_{X_1=0}^{1} \sum_{X_2=0}^{1} \sum_{X_4=0}^{1} P(X_4|X_1)P(X_3 = 1|X_1, X_2)P(X_1)P(X_2)$$
$$= 0.9 \times 0.7 \times 0.1 \times 0.1 + 0.1 \times 0.4 \times 0.1 \times 0.9 + 0.2 \times 0.5 \times 0.9 \times 0.1$$
$$+ 0.8 \times 0.01 \times 0.9 \times 0.9 + 0.9 \times 0.4 \times 0.1 \times 0.9 + 0.1 \times 0.7 \times 0.1 \times 0.1$$
$$+ 0.2 \times 0.01 \times 0.9 \times 0.9 + 0.8 \times 0.5 \times 0.9 \times 0.1 = 0.0961$$

です。その結果、求める確率は $P(X_2 = 1|X_3 = 1) = 0.052/0.0961 = 0.5411$ と計算されます。

同様に、鼻水が出ている（$X_3 = 1$）のとき、原因が風邪（$X_1 = 1$）である確率 $P(X_1 = 1|X_3 = 1)$ もベイズの定理を用いて、

$$P(X_1 = 1|X_3 = 1) = P(X_1 = 1, X_3 = 1)/P(X_3 = 1)$$
$$= 0.043/0.0961 = 0.4475$$

と計算されます。風邪に関する追加的な症状の発熱 X_4 を観測したことで、花粉症および風邪の確率の和が 1 ではなくなることに注意しましょう。

以上により、$P(X_1 = 1|X_3 = 1) < P(X_2 = 1|X_3 = 1)$ であるので、現在の状況では、鼻水が出る症状の人は花粉症である可能性が高いと判断されます。

3.2.4 ベイジアンネットワークの確率モデル

前項では、n 人の変数に関する二値データから相対頻度で周辺確率および条件付き確率を求めましたが、ここでは、これらの確率をパラメータとする確率モデルとして定式化し、統一的に分析を展開してみましょう。

前項のモデル 1 を用いて確率モデルをみていきます。変数はいずれも二値変数であるので、条件付き確率 $P(X_2|X_1 = 1)$ および $P(X_2|X_1 = 0)$ を規定するパラメータをそれぞれ θ_{11} および θ_{10}、同様に条件付き確率 $P(X_3|X_2 = 1)$ および $P(X_3|X_2 = 0)$ を規定するパラメータをそれぞれ θ_{21} および θ_{20} とすれば、条件付き確率は

$$P(X_2|X_1 = 1) = \theta_{11}^{X_2}(1-\theta_{11})^{1-X_2}, \quad P(X_2|X_1 = 0) = \theta_{10}^{X_2}(1-\theta_{10})^{1-X_2}$$
$$P(X_3|X_2 = 1) = \theta_{21}^{X_3}(1-\theta_{21})^{1-X_3}, \quad P(X_3|X_2 = 0) = \theta_{20}^{X_3}(1-\theta_{20})^{1-X_3} \quad (3.12)$$

となり、さらに周辺確率を $P(X_1) = \theta_1{}^{X_1}(1-\theta_1)^{1-X_1}$ とすれば、$X_1 = 1, X_2 = 0,$ $X_3 = 1$ のデータに対する同時確率は、パラメータ θ_{ij} の集合を Θ とし以下のように書かれます。

$$P(X_1 = 1, X_2 = 0, X_3 = 1|\Theta) = P(X_1 = 1)P(X_2 = 0|X_1 = 1)P(X_3 = 1|X_2 = 0)$$
$$= \theta_1(1-\theta_{11})\theta_{20} \tag{3.13}$$

一般に、$X_j = k$ のときの X_i の条件付き確率を $P(X_i|X_j = k) = \theta_{ijk}$、$n$ 回（人）中の生起数（$X_i = 1$ の回数）を N_{ijk} とすると、s 番目のデータを X_{is} として、同時確率は次のように与えられます。

$$\prod_{s=1}^{n} P(X_{1s}, X_{2s}, X_{3s}|\Theta) = \prod_{s=1}^{n} P(X_{1s})P(X_{2s}|X_{1s})P(X_{3s}|X_{2s})$$
$$\propto \prod_{i=1}^{3}\prod_{j=1}^{2}\prod_{k=0}^{1} \theta_{ijk}{}^{N_{ijk}} \tag{3.14}$$

いま、(3.14)式をパラメータ $\Theta = \{\theta_{ijk}\}$ の関数とみたのが尤度関数であり、$\sum_{i=1}^{3}\sum_{j=1}^{2}\sum_{k=0}^{1}\theta_{ijk} = 1$ の制約の下で尤度関数を最大化する推定値として、最尤推定値

$$\hat{\theta}_{ijk} = \frac{N_{ijk}}{N_{ij0}+N_{ij1}} = \frac{N_{ijk}}{\sum_{k=0}^{1} N_{ijk}} \tag{3.15}$$

が得られます。前項で直観的に導出した相対頻度で推定値は定義されます。単純なベイズ分類器と同様に、パラメータに対する事前分布を仮定して事後分布を定義し、ベイズ推定値を導出することもできます。自然共役事前分布として前出のディリクレ分布

$$P(\Theta) = \prod_{i=1}^{3}\prod_{j=1}^{2} \frac{\Gamma(\sum_{k=0}^{1} N_{ijk}^*)}{\prod_{k=0}^{1} \Gamma(N_{ijk}^*)} \prod_{k=0}^{1} \theta_{ijk}{}^{N_{ijk}^*} \tag{3.16}$$

の下で事後確率を最大化するベイズ推定値は、計算は省略しますが、下記となります。

$$\hat{\theta}^*_{ijk} = \frac{N^*_{ijk}+N_{ijk}}{\sum_{k=0}^{1} N^*_{ijk}+\sum_{k=0}^{1} N_{ijk}} \tag{3.17}$$

事前情報として仮想的な生起数 N^*_{ijk} が加わっていることがわかります。N_{ijk} = 0 の場合には、同時確率の推定値はつねにゼロとなり、最尤推定法では不自然なモデルを定義することになります。ベイズ推定では、迷惑メールのときのようなゼロ頻度問題も、事前分布を導入することで同様に回避できます。

上記の議論は事象の結果が二値の場合ですが、これを m 値、すなわち、m 個のカテゴリに拡張することが可能であり、その場合、カテゴリに関する積または和を $k = 0, 1$ から $k = 0, 1, ..., (m-1)$ へ変更すればよいです。また条件付き確率の数も q へ一般化でき、j に関する積または和を $j = 1, 2$ から $j = 1, ..., q$ とすれば、多くの事象に適用できます。

3.2.5 ベイジアンネットワークの探索

ここまでは、あらかじめ 2 つのネットワーク構造を仮定して、観測データからより支持されるモデルを選ぶと説明しました。しかし一般には、探索的にネットワーク構造を見つけ出すほうがより有効なやり方です。

一般に S 個の変数の同時確率 $P(X_1, X_2, ..., X_S)$ を規定する条件付き確率 ($P(X_i|X_j)$ や $P(X_i|X_j, X_h)$ など) の組み合わせの数は、事前情報がない場合、原理的にはすべての組み合わせで条件付き確率を定義してモデル比較を行えばよいわけです。しかし、それは膨大な数となり、組み合わせ爆発を起こします。そこで実際には、変数間に明らかな因果関係がないものははじめから除外し、探索するモデル数を減らします。その後では、統計的に最も適合するモデルが選ばれます。その際、複雑なモデルのほうが適合度 (上記の例ではモデル確率) は高くなりますが、予測性能が悪くなるという現象が起こります。これは、**過学習** (overfitting) という問題として知られています。そこで、モデル適合度とモデルの複雑さのバランスをとることがモデル選択の際には必要となります。複数のモデルから最適なモデルを選択する統計的なモデル選択基準は複数提案されています。その代表的なものは、**AIC** (Akaike Information Criterion) で、次のように定義されます。

$$\mathrm{AIC} = -2\times(\text{モデルの最大対数尤度})+2\times(\text{パラメータ数})$$

右辺の第1項にある"モデルの最大対数尤度"は、尤度関数のパラメータに最尤推定値 $\hat{\Theta}$ を代入して対数をとったもので、上記の例では $\sum_{s=1}^{n}\log P(X_{1s},X_{2s},X_{3s}|\hat{\Theta})$ であり、またパラメータ数は $\hat{\Theta}$ の次元数となります。AIC では、予測力を持つモデルとして、モデルごとに計算される AIC の値が最小のモデルを選びます。

また、ベイズ推定の場合のモデル選択基準として、**BIC**（Bayesian Information Criterion）

$$\mathrm{BIC} = -2\times(\text{モデルの最大対数尤度})+\log n\times(\text{パラメータ数})$$

も提案されています。この他にも、ベイジアンネットワークの探索的モデル選択ではさまざまな基準が提案されており、分析パッケージによって使えるものが限定されます。

3.2.6　Rによる分析例

次に、統計パッケージRを用いて、ベイジアンネットワークの分析例を見てみましょう。ベイジアンネットワークのRパッケージはいくつかありますが、ここでは"deal"を使います。前項では、データからネットワークを推定して図を描くこと、さらに変数間の因果関係をベイズの定理で逆転させて結果から原因を推測すること、の2つを説明しましたが、これらを一つのパッケージで行う便利なものはないようで、deal もネットワーク推定用です。deal はネットワーク構造を所与としたパッケージで、前項で説明した構造探索を行うことはできません。AIC や BIC などを用いた構造探索は、bnlearn というパッケージで実行できます。

本書「はしがき」に記載したリンク先から、この deal を用いた分析コードが得られます。そこではまず、①さまざまなデータを取り出せるRパッケージ"Ecdat"を利用してデータセット"Fair"を入手します。これは幸福度に関する調査データで、5点満点の幸福度および回答者のさまざまな属性｛性別、子ども（有無）、宗教（5種類）、教育（年数）｝の601人分のデータです。次に、

図3.5 幸福度のベイジアンネットワークの出力

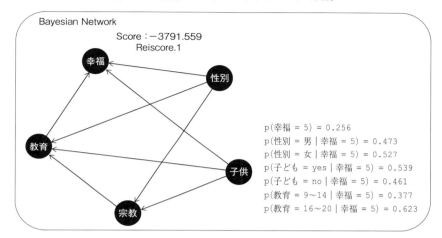

ネットワーク構造推定のために、②パッケージ"deal"を読み込みます。また、分析目的の要請や事前にあり得ない因果関係を排除することも必要です。これは同時に考慮すべき組み合わせ数の削減に役立ちます。ここでは、幸福を決める要因の関係を知ることを目的とするため、「幸福」は他の変数の原因とならないこと、また、「性別」および「子ども」は、他の要因の結果とならないことを仮定して分析してみます。Rコードでは、③この因果関係を事前に禁止するコマンドBan listにこれを指定しています。

図3.5の左側には、推定されたベイジアンネットワークが掲載されています。これによれば、幸福の原因は ｛子ども、性別、教育｝ であることを意味しています。さらに、④幸福度が最も高い5点の人の原因を逆推論した結果が、最後の数行のコマンドで計算されます。その結果が、同図の右側にあります。そこでは、最も幸福である"幸福度＝5"を条件付きにしたときの、さまざまな要因の確率がベイズの定理で計算されています。これらの逆確率から、"最も幸福である"ことの原因は、教育が16～20年の確率0.623が最も大きく、次に子どもがいること（0.539）、女性であること（0.527）が続きます。したがって、教育年数が長い、子どもを持つ、女性であることが、幸福度が高い要因と推論されます。

3.2 ベイジアンネットワーク：症状から原因を探る

【参考文献】
植野真臣（2013）『ベイジアンネットワーク』コロナ社
金明哲（2007）『Rによるデータサイエンス：データ解析の基礎から最新手法まで』共立出版
小暮厚之（2009）『Rによる統計データ分析入門』朝倉書店
繁桝算男・植野真臣・本村陽一『ベイジアンネットワーク概説』培風館
照井伸彦（2010）『Rによるベイズ統計分析』朝倉書店
照井伸彦・佐藤忠彦（2013）『現代マーケティング・リサーチ：市場を読み解くデータ分析』有斐閣

第4章 分類と機械学習

　本章では、機械学習を念頭に置いて、多次元データ（多変量データと呼びます）の分析を扱います。訓練データを用意しない"教師なし学習"の手法として、クラスタリング（階層的、非階層的）と、データマイニング手法としても知られるアソシエーション分析（マーケットバスケット）をとりあげます。さらに、目的変数が、定まった訓練データがある場合の"教師あり学習"として、まず決定木および回帰木をとりあげます。

4.1　教師なし、教師あり学習

　まず、多変量データは、p個の変数 $X_1, X_2, ..., X_p$ に関する n 組の観測値とし、表4.1のように与えられます。

　このとき、i番目の観測値の組 $\boldsymbol{x}_i = (x_{1i}, x_{2i}, ..., x_{pi})$ は、個人や事物など分析対象とする個体 i に関する p 変数の観測値を意味し、個体 i のデータと呼びます。回帰分析のように、価格 (X) に対する売上 (Y) の反応が知りたい場合、その中の一つ、例えば、X_1 が反応変数または目的変数（これを Y とします）、残り $X_2, ..., X_p$ が説明変数であるとします。このとき、観測値は**訓練データ** (training sample) となり、これが"教師" (teacher) の役割を果たし、この関係を利用した分析は**教師あり学習**と呼ばれます。

　他方、企業が市場戦略を考える場合、小学生の子どもを持つ20代の女性など、

4.2 クラスター分析

表4.1 多変量データ：教師なし、教師あり

個体	X_1	X_2	...	X_k	...	X_p
1	x_{11}	x_{21}	...	x_{k1}	...	x_{p1}
2	x_{12}	x_{22}	...	x_{k2}	...	x_{p2}
3	x_{13}	x_{23}	...	x_{k3}	...	x_{p3}
.	.	.		.		.
k	x_{1k}	x_{2k}	...	x_{kk}	...	x_{pk}
.	.	.		.		.
n	x_{1n}	x_{2n}	...	x_{kn}	...	x_{pn}

ターゲットを絞ったマーケティングを行うために、消費者を同質なグループに分けるマーケット・セグメンテーションの場合のように、同質な個体をいくつかのグループ（セグメント）に分けることが分析の目的で、明確な反応変数と説明変数の対応がない場合の分析もあります。このときは**教師なし学習**と呼ばれます。

BIGDATA 4.2 クラスター分析

クラスター分析は、一般的な言い方では、「p 個の変数 $X_1, X_2, ..., X_p$ の情報を用いて、n 人（個）の個体 $\{\boldsymbol{x}_i = (x_{1i}, x_{2i}, ..., x_{pi}), i = 1, ..., n\}$ をいくつかの同質なグループに分類する問題」と定義できます。同質性は個体間の類似度で定義し、個体を複数の同質的なクラスター（集団、群）に分割していく方法です。回帰分析や第3章でみた分類法と異なり、目的（反応）変数がなく、訓練データを利用しない「教師なし」学習の分析法です。その方法は、階層的クラスター分析と、非階層的クラスター分析に分かれます。

4.2.1 階層的クラスタリング：距離行列の構成

まず、クラスターを構成する各個体間の類似度を表す数値として距離を用います。例えば、個体 $\boldsymbol{x}_i$ と $\boldsymbol{x}_j$ の距離をユークリッド距離 $d_{ij} = \sqrt{(x_{1i}-x_{1j})^2 + \cdots + (x_{pi}-x_{pj})^2}$ で定義します。この他にも、相関係数 $d'_{ij} = r(\boldsymbol{x}_i, \boldsymbol{x}_j)$ や絶対値での距離 $d'_{ij} = \sum_{k=1}^{p} |x_{ki} - x_{kj}|$（L1ノルムと呼ばれます）で定義するこ

図4.1 距離行列とデンドログラム

	a	b	c	d	e
a	0	3	7	8	12
b	-	0	4	5	9
c	-	-	0	1	7
d	-	-	-	0	5
e	-	-	-	-	0

最短距離のcdを併合

	a	b	cd	e
a	0	3	7	12
b	-	0	4	9
cd	-	-	0	5
e	-	-	-	0

最短距離のabを併合

	ab	cd	e
ab	0	4	12
cd	-	0	5
e	-	-	0

最短距離のabcdを併合

	abcd	e
abcd	0	5
e	-	0

ともできます。

　まず、表4.1の多変量データを（a, b, c, d, e）の5つの個体データとし、図4.1左上のような各個体間の距離行列に変換します。これらの距離行列から個体間距離の小さいものほど同質であると考えて、小さいもの同士を併合してクラスターとし、さらにこれにより構成された複数のクラスター間の距離を定義して、クラスター間の近さを測ることにより、さらにクラスターの併合を順次行っていきます。

　いま、a～eまでの5つの個体間の距離行列が、図4.1左上のように与えられたとします。そのとき、まず個体間の距離で最も小さい値はcとdの距離の1であるので、まずこれらを併合してひとつのクラスター"cd"とします。次に、cdと残りa, b, e間の距離を定義する必要があります。クラスター間の距離は、最近隣法（single）、最遠隣法（complete）、群平均法（average）、重心法（centroid）、ウォード法（ward）などさまざまなものが提案されています。とくに最も使われるのがウォード法であり、これは2つのクラスターを併合する際に、クラスター内変動の増分が最小なものを選んで併合する方法で、最小分散法とも呼ばれます。

　ここでは、最も簡単な最近隣法で説明します。cdとaの距離は、cとaの距離の7と、dとaの距離の8の2通り存在し、最近隣法はこれらの最も短い距離をクラスター距離として採用し、cdとaの距離を7と定義します（最遠法で

は最も遠い 8 と定義)。同様に cd と b の距離は、最近隣法は $(4,5)$ の小さいほうの 4 で定義し、cd と e の距離も $(7,5)$ の小さいほうの 5 で定義します。以下同様に併合を行います。併合の経過と水準を樹状図で表現したのが、図 4.1 右に示された**デンドログラム**です。この例では、2 つのクラスターになるまで 3 段階でしたが、どの段階で併合手続きを止めるかは対象と問題設定によって異なり、併合の各段階において形成された各クラスターの解釈を考え、意味あるクラスターが形成されたと判断できた段階で併合手続きは終わります。この方法は、クラスターの形成過程が階層的な構造を持つことから、**階層的クラスタリング**と呼ばれます。

4.2.2 非階層的クラスタリング

まず、多変量データの背後に重複しない Q 個のクラスター $S_1, S_2, ..., S_Q$ があり、各個体データ $\boldsymbol{x}_i$ はクラスターのいずれかに属することを仮定します。このとき、クラスター内部では同質な個体であるため、非階層的クラスタリングは「クラスター内の個体の変動が小さい」クラスタリングが良いクラスタリングであるとし、各クラスターの変動の和が最小になるように求めます。すなわち、非階層的クラスタリングは、次の最適化問題と定式化されます。

$$\min_{S_1, S_2, ..., S_Q} \sum_{i=1}^{Q} V(S_i) \tag{4.1}$$

ここで、$V(S_l)$ はクラスター S_l に分類された個体データのクラスター内変動

$$V(S_l) = \sum_{i,j \in S_l} \sum_{k=1}^{p} (x_{ki} - x_{kj})^2 \tag{4.2}$$

を意味します。この最適化を解くアルゴリズムは、以下のように与えられます。

① 各個体にランダムにクラスター番号 $1 \sim Q$ を割り振る。これは、繰り返しの初期値を意味する。
② 次のプロセスを繰返す。
　(2-1) Q 個の各クラスター内の標本平均 $\overline{x}_i$ など、セントロイド (centroid) と呼ぶ中心の値を計算する。
　(2-2) 各個体データを、ユークリッド距離でセントロイドに最も近いクラス

ターに割り当て直す。

このアルゴリズムでは、標本平均がクラスターの重心であり、

$$
\sum_{i,j \in S_l} \sum_{k=1}^{p} (x_{ki} - x_{kj})^2 = \sum_{i,j \in S_l} \sum_{k=1}^{p} (x_{ki} - \overline{x_l} + \overline{x_l} - x_{kj})^2 \\
= 2 \sum_{i,j \in S_l} \sum_{k=1}^{p} (x_{ki} - \overline{x_l})^2
\tag{4.3}
$$

であることから、手順②がクラスター内変動の和を減少させるプロセスであることが保証されています。これが、K-means法と呼ばれる方法です。ただし、この最適化はグローバルではなくローカルな性質を持ち、初期値の与え方で結果が変わることが知られています。したがって初期値を変えて複数回計算し、結果の安定性を確認することが望ましいとされています。

4.2.3 K-means法と混合確率分布

これに関連して、K-means法では、各個体が確実にあるクラスターに属することが仮定されており、とくに異常値がある場合など、この仮定が厳しすぎる場合もあります。そこでこれを緩め、「各個体はあるクラスターに一定の確率で属する」とする混合確率分布モデルも提案されています。

4.2.4 Rによる分析例：ブランドの評価とクラスター形成

本章で説明する解析手法の分析例に関するRのコードとデータセットは、本書「はしがき」に示すリンク先にzip形式のファイルでまとめて格納されています。

まず、階層的クラスタリングの例をみてみましょう。30種類のブランドの消費者評価を目的として、属性9項目に関する（仮想）アンケート調査の評価結果（10点スケール）のデータが、ダウンロードしたzipファイルを解凍したフォルダに、ファイル名"brand_rating.csv"で保存されています。同じくフォルダ内のRのコードcluster.Rでは、4つの方法でクラスター分析を行います。

まず、①Rのパッケージ"fpc"をインストールます。②データファイルの読み込み、③距離行列を最遠隣（complete）法、群平均法（average）、重心法

図4.2 階層的（左）および非階層的（右）クラスタリングの分析例

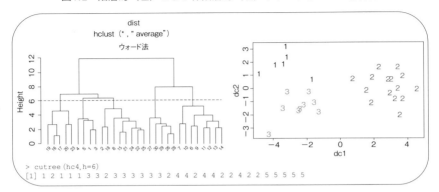

（centroid）、ウォード法（ward.D2）（ただし、Rの最新バージョンであるR 3.3が必要です）で計算し、④デンドログラムをそれぞれ作図します。図4.2はウォード法によるデンドログラムです。⑤"cutree"コマンドは、高さ（距離）6のところで最遠隣（complete）法によるデンドログラムを切断してできるクラスターの番号を、各個体（ブランド）の順に出力します。図4.2の下に記載した出力では、ブランド1はクラスター番号1、ブランド2はクラスター番号2、などとわかります。最後に、⑥K-means法によるクラスタリングでは、入力としてクラスター数（ここでは3）"centers=3"として指定した結果を2次元に圧縮した図が表示されます。これは図4.2の右側にあり、3つのクラスターに分類されています。

4.3 アソシエーション分析

アソシエーション分析は、ビッグデータから同時生起する意外なアイテムの組を見つけ出す手法です。スーパーマーケットの大規模な売上データを分析（マイニング）して、「ビールを買う人は紙おむつも買う傾向がある」ことを見つけ出し、店舗内での2つの商品を近くに置く方法で売上が上昇したとされる成功事例が有名です。

表4.2 トランズアクション・データの例

ID	バスケット
1	(フルーツ、米、カレー)
2	(ビール、牛肉、しょうゆ)
3	(牛乳、ミネラルウォーター、パン、魚、チョコレート)
4	(カレー、ニンジン、豚肉)
5	(弁当)
6	(せんべい、キャベツ、小麦粉)
.	.
.	.
10,000	(酒、油、パン)

一般的な言い方では、「多変量データにある p 個の変数 $X_1, X_2, ..., X_p$ の中で、最も頻繁に同時に出現する組 X_i, X_j を探し出す問題」と定義できます。以下では、データマイニング分野で考案されたアプリオリ（apriori）アルゴリズムに従って説明します。

アソシエーション分析は、店舗の取引（トランズアクション）データの場合、同時購買は買い物かごに入れるイメージから**マーケットバスケット**分析とも呼ばれます。表4.2では、トランズアクション・データの例を示しています。IDは各レシートの商品名記載をイメージすればよく、表の各行は1人（または1回）が購買したアイテムの集合を示しています。

いま、「アイテム A を買う」ルールを $R(A)$、さらに、「アイテム A を買った人がアイテム B も買う」ルールを $R(A \Rightarrow B)$ と表記します。そのとき、ルール $R(A \Rightarrow B)$ の妥当性を次の指標を用いて評価していきます。

①支持度（support）

A, B 両方を含むバスケット数 $\#(A \cap B)$ が全バスケット数 M に占める割合で、

$$\frac{\#(A \cap B)}{M} : 同時確率 P(A, B) の推定値$$

と定義される。これは、同時に購買される回数が全体の中で少ないと意味のあるルールとならないので、それを測る尺度である。

4.3 アソシエーション分析

②期待信頼度（expected confidence）

B を含むバスケット数 $\#(B)$ が全バスケット数 M に占める割合で、

$$\frac{\#(B)}{M}：周辺確率\ P(B)\ の推定値$$

と定義される。これは B のシェアであり、①と同様にルール $R(A\Rightarrow B)$ の全体における重要度を測る指標である。

③信頼度（confidence）

A, B 両方を含むバスケット数 $\#(A\cap B)$ が A を含むバスケット数 $\#(A)$ に占める割合で、

$$\frac{\#(A\cap B)}{\#(A)}：条件付き確率\ P(B|A)=\frac{P(A,B)}{P(A)}\ の推定値$$

と定義される。これは同時購買の度合いを意味する絶対的尺度で、全体に比した相対的重要度の意味は持たない。

④リフト（lift）

信頼度を期待信頼度で割ったもので、

$$\frac{\#(A\cap B)}{\#(A)}\Big/\frac{\#(B)}{M}：確率\ \frac{P(B|A)}{P(B)}\ の推定値$$

と定義される。これは、B の確率が、A を条件付きにしたことで、A を条件にしないときの何倍となるかを示す指標である。

　これらの指標は総合的に判断する必要があります。例えば、「支持度が高く、かつ、信頼度も高い」ルールは、頻繁に同時に起こる重要な事象、「支持度は低いが信頼度は高い」ルールは、頻繁に起こるものではないが興味深い意外な事象、「支持度は高いが信頼度は低い」ルールは、頻繁に起こる組み合わせであるが意外ではない事象、「支持度も低く、かつ、信頼度も低い」ルールは、稀な出来事で稀にしか起きない事象、とそれぞれ解釈できます。また、条件付きの情報（ここでは A）が B の生起に有用であるためには、リフトが 1 を超えている必要があります。

図4.3 アソシエーション分析の事例

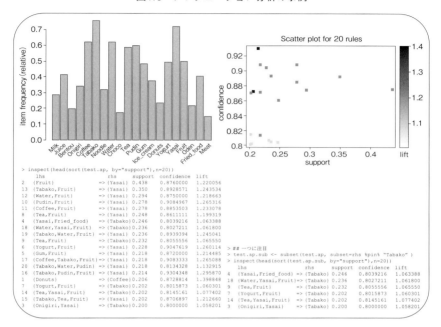

Rによる分析例：マーケットバスケット分析

500人の消費者の20品目のトランズアクション・データ（仮想）が、先にダウンロードしたフォルダの中に、"mk_data.csv"のファイルとして格納されています。Rのコード association.R では、"arule"というパッケージを使ってアソシエーション分析を行います。

まず、①"arule"および結果を作図する"aruleviz"のパッケージを読み込みます。次に、②データファイル"mk_data.csv"を読み込みます。③頻度分布の作成のコマンドにより、図4.3左上の20種類の商品購入の周辺度数分布（ヒストグラム）が出力されています。続いて、④計算の実行により、同図左下に抽出されたルールのそれぞれについて、支持度、信頼度、リフトが表となっています。図左下では、「支持度（support）0.2以上かつ信頼度（confidence）0.8以上」の基準を満たす組み合わせとその基準値が出力されます。フルーツ（Fruit）を買って野菜（Yasai）も買う人がトップにきており、そのときの支持度は0.438、

信頼度は0.876であることを意味します。また、その中で一つの商品Tabakoに注目して、これと同時購買される他の品目の組み合わせと指標の出力が図右下に掲載されています。

最後に、⑤これにリフト情報も付け加え、リフトを色の濃さで表現したヒートマップが、"aruleviz"というパッケージを利用して、図の右上に描かれています（ただし、Rの最新バージョンであるR3.3が必要です）。支持度、信頼度、リフトがともに高い組み合わせは、2次元の右上に色の濃い表示で識別することができます。この例では、フルーツ（Fruit）を買った人が野菜（Yasai）も買うというルールが、相対的にこの領域に位置づけられています。

4.4 決定木と集団学習

決定木または分類木は、（購買、非購買）、（死亡、生存）など二値変数を目的変数とし、他の説明変数の基準によってデータを逐次的に分類し、それを木の構造で表現する機械学習の手法です。連続変数ではない質的変数の分析手法と言えます。この分析では、分岐する変数をノード、それにより分類されたグループは全体が木の枝から出た葉のようなイメージができるため、リーフ（leaf）と呼ばれます。

以下では、代表的なアルゴリズムであるCART（Classification And Regression Trees, Breiman et al. 1984）により説明しましょう。まず、表4.3には10人の購買行動およびその属性のデータが記載されています。

4.4.1 ジニ係数

分割によってできるグループ（リーフ）は同質であることが望まれます。同質性の尺度はいくつか提案されていますが、CARTでは経済学分野では馴染み深いジニ係数を利用します。**ジニ係数**は、もともと所得の不平等度の尺度として経済分析では使われますが、決定木の分類においては若干異なり、不純度の尺度として定義されます。つまり、所得が平等に分配されている状態を"不純度のない状態"（ジニ係数がゼロ）、一人に集中している場合を"不純度が最大

表4.3 購買行動と属性データ

顧客ID	購買	性別	世代
1	あり（1）	女性（0）	20歳未満（0）
2	あり（1）	女性（0）	20歳未満（0）
3	なし（0）	男性（1）	20歳以上（1）
4	なし（0）	女性（0）	20歳以上（1）
5	なし（0）	男性（1）	20歳未満（0）
6	あり（1）	男性（1）	20歳未満（0）
7	あり（1）	女性（0）	20歳以上（1）
8	なし（0）	男性（1）	20歳以上（1）
9	あり（1）	男性（1）	20歳未満（0）
10	なし（0）	男性（1）	20歳以上（1）

の状態"（ジニ係数が1）と対応させます。

まず、表4.3の目的変数である「購買あり」および「購買なし」で2つのグループを構成したときのジニ係数は、p_1, p_0 を購買あり、購買なしの確率として、以下のように定義されます。

$$G_0 = p_1(1-p_1) + p_0(1-p_0) = 1 - (p_1^2 + p_0^2) \tag{4.4}$$

表のデータでは $p_1 = p_0 = 5/10 = 0.5$ となり、$G_0 = 1 - (0.5^2 + 0.5^2) = 0.5$ と計算されます。

次に、性別の変数をノードとした場合、p_{i1} を男性（$i=1$）および女性（$i=0$）の購買の確率、p_{i0} をそれぞれの非購買の確率として、構成される2つのグループのジニ係数は以下のように定義されます。

$$G_{1i} = 1 - (p_{i1}^2 + p_{i0}^2), \quad i = 0, 1 \tag{4.5}$$

計算の結果、$G_{11} = 0.444, G_{10} = 0.375$ となり、人数で加重平均をとって0.417と定義します。他方、もう一つの変数である世代で同様の計算をすると、加重平均ジニ係数は0.320となります。したがって数値の小さい「世代」変数で第1ノードを定義するのがよいと判断されます（表4.4上段）。

次に、世代のノードを条件にして、性別で分類していきます。これらのジニ係数は表4.4下段に計算されており、20歳未満のノードの女性の購買のジニ係数がゼロで「20歳未満の女性の購買するルール」、20歳以上の男性の非購買のジ

表4.4 ジニ係数によるノードの評価

		購買(1)	非購買(0)	G	加重G
分岐なし		5	5	0.500	
性別	男性(1)	2	4	0.444	0.417
	女性(0)	3	1	0.375	
世代	20歳以上(1)	1	4	0.320	0.320
	20歳未満(0)	4	1	0.320	
世代	20歳以上(1)				
性別	男性(1)	0	3	0.000	0.200
	女性(0)	1	1	0.500	
	20歳未満(0)				
性別	男性(1)	2	1	0.444	0.267
	女性(0)	2	0	0.000	

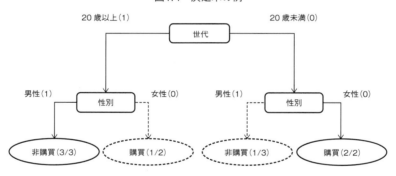

図4.4 決定木の例

ニ係数がゼロで「20歳以上の男性の非購買のルール」が見えてきました。これを樹系図にしたのが図4.4に示した決定木です。

ジニ係数の他に、情報量を表す**クロスエントロピー尺度**

$$D_i = -p_{i1}\log p_{i1} - p_{i0}\log p_{i0} \tag{4.6}$$

を用いて、決定木を評価する"C4.5"と呼ばれるアルゴリズムも提案されています。これはジニ係数と異なり、分岐の数、すなわち分類数が2と制限されない特徴があります。

4.4.2 回帰木

決定木は二値変数など質的変数を扱う手法ですが、連続変数の場合にも同じ考え方が適用できます。そのときは、回帰木（regression tree）と呼ばれます。そこでは連続変数 X の値を切断点 s によって分割し、例えば、領域を $R1 = \{X_1 : X > s\}$ および $R2 = \{X_2 : X \leq s\}$ などに分割して二値変数を作ります。このとき、切断点 s も新たな推定すべきパラメータとなり、残差平方和

$$\sum_{i\,:\,X_i \in R1} (Y_i - \hat{Y}_{R1}(s))^2 + \sum_{i\,:\,X_i \in R2} (Y_i - \hat{Y}_{R2}(s))^2 \tag{4.7}$$

を最小にするように求めます。ここで、$\hat{Y}_{R1}(s)$ は s を固定したときの二値変数 X_1, X_2 を使った予測値を意味します。

決定木（回帰木）の特徴として、目的変数の決定要因が解釈しやすい、視覚的に構造が理解しやすい、などの利点があります。他方で、予測精度の点では他の分類方法に劣ること、さらには、データが少し変わっただけでも結果が大きく変わり、分析に頑健性がない、などの弱点も知られています。それに対して、バギング、ランダムフォレスト、ブースティングなどの集団学習法も提案され使われています。次に、これらを説明します。

4.4.3 バギング（Bagging）

バギングは、ブートストラップ（Bootstrap）という手法でデータを複製し、決定木を複数作成して、その平均、または多数決の結果を採用して予測精度を上げる手法です。Bagging の名前の由来は、Bootstrap Aggregating（ブートストラップ集計）からきているようです。

まず、ブートストラップ法は、訓練データ $\{x_1, x_2, ..., x_n\}$ を母集団とみて、そこから重複を許して無作為サンプリングによりデータ $x_k^{(i)}$ を発生させ、$m\ (<n)$ 人の新たなデータセット $\{x_1^{(i)}, x_2^{(i)}, ..., x_m^{(i)}\}$ を構成し、これを繰り返して B 個（通常100程度）の訓練データを確保します。その結果、それぞれの訓練データに対して決定木（回帰木）が作られます。そして、それぞれの決定木から作られる予測値 $\hat{Y}^{*(b)}(x)$ の平均 $\hat{Y}_{BG}(x) = (1/B)\sum_{b=1}^{B} \hat{Y}^{*(b)}(x)$ で予測します。目的変数が上述の例のように離散（二項）変数の場合には、この値は B 個の予測値の中の 1 の数の比率を意味し、比率が 0.5 を超えた場合に 1 と予測するとす

れば、この予測は多数決で判断することになります。

バギングは予測精度が上がりますが、どの説明変数が重要なのか、例えば上記の例では、購買に影響を与える属性集合が作られる決定木ごとに異なりますので、解釈が難しい、あるいはできなくなります。つまり、訓練データにはない新しいデータである**テストデータ**を投入したときに、購買の確率を予測できますが、その構造は見えにくくなります。それが機械学習に共通の問題です。

その中で、変数の重要度尺度（variable importance measure）も提案されています。これは、ひとつのノードを消したときにできる決定木の評価値（ジニ係数）を求めてその差を評価します。各変数に対するジニ係数の平均減少率を評価し、それが大きいものが重要な要因と解釈できます。

4.4.4 ランダムフォレスト（Random Forest）

ランダムフォレストはバギングを改良したものです。バギングは同じ説明変数を繰り返し多数回（B回）使い続けます。その結果、生成される決定木および計算される予測値は当然、互いに相関が高くなります。相関の高いものの平均は効率がよくありません。例えば、分散σ^2の母集団からのn個の無作為標本$z_1, z_2, ..., z_n$の平均$\bar{z}$の分散は$V(\bar{z}) = \sigma^2/n$であり、分散は$1/n$になりますが、標本に相関がある場合は、$V(\bar{z}) = \sigma^2/n + (1/n^2)\sum_{i \neq j} Cov(z_i, z_j)$となり、負の相関が支配的でない限り分散が大きくなります。

そこでランダムフォレストは、分散を減少させる目的で訓練データにあるp^*個の説明変数すべては使わず、その中からランダムに$k(<p^*)$個（$k = \sqrt{p^*}$）の変数を無作為抽出します。そしてバギングにより多くの決定木を作ります。つまり、データの数および説明変数の数の両方でブートストラップを行って訓練データを複製して多くの決定木を作り、集団学習により平均または多数決で予測する方法です。$\boldsymbol{x}_b^{(k)}$をブートストラップにより選ばれたk番目の説明変数の集合で、データ番号に関するb番目のサンプリングとします。そのとき、複製された訓練データ$(\boldsymbol{x}_b^{(k)}, b = 1, ..., B)$により作られた決定木による予測値$\hat{Y}^{*(b)}(\boldsymbol{x}_b^{(k)})$の平均$\hat{Y}_{RF} = (1/B)\sum_{b=1}^{B} \hat{Y}^{*(b)}(\boldsymbol{x}_b^{(k)})$で予測をするのがランダムフォレストです。図4.5ではバギングとの関係とともに図示しています。

図4.5 集団学習：バギングとランダムフォレスト

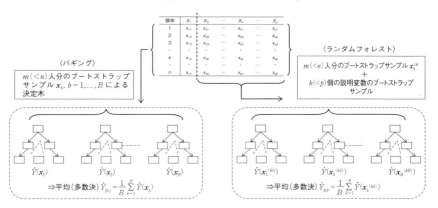

4.4.5 ブースティング（Boosting）

ブースティングは、バギングと同じように複数の決定木を作成しますが、繰り返しの中で前回作られた決定木の予測値 $\hat{Y}^{*(b)}(x)$ と実現値の差（残差）をウェイトとし、次の決定木を探索して評価する際に重み付けを行います。さらに決定木を作り、再度、予測値を計算して残差を求め、この過程を M 回繰り返します。

バギング、ランダムフォレスト、ブースティングなどは、複数の決定木（回帰木）を使うので**集団学習**（ensemble learning）と呼ばれ、これらの改良手法は予測性能が高いことが知られています。他方、裏返しになりますが、多くの木の構造を複製して統合するので、モデル全体の解釈性能を犠牲にしています。機械学習に一般的に言える特徴ですが、予測性能と解釈性のバランスは戦略的な利用を目的とする場合はとくに重要です。

4.4.6 Rによる分析例：潜在顧客の判別

決定木、回帰木および集団学習の分析例として、通信販売におけるある商品の購買の意思決定について分析しましょう。同じくダウンロードしたフォルダの中のファイル"dec_data.csv"には、購買の有無（Buy）、購買金額（Purchase）、性別（Gender）、E-mailの利用の有無（Email）、カタログ購読の有無（Subscribe）、子どもの有無（Kid）、持ち家（OwnHome）の有無に関する500人

4.4 決定木と集団学習

図4.6 決定木の分析例

```
> head(Date.Tr)
  ID Buy Purchase Gender Kid Email Subscribe OwnHome
1  1  No        0   Male  No   Yes        No     Yes
2  2  No        0   Male  No   Yes        No      No
3  3  No        0   Male  No   Yes       Yes      No
4  4  No        0 Female  No    No        No      No
5  5 Yes      209   Male  No   Yes       Yes      No
6  6  No        0 Female Yes   Yes       Yes     Yes
```

```
              Subscribe=No ─┬─ Yes
                            │
                         Gender=Male ─┬─ Female
                                      │
                    Email=No ─┬─ Yes
                              │
         ┌────┐      ┌────┐   ┌────┐   ┌────┐
         │ 2  │      │ 12 │   │ 13 │   │ 7  │
         │ No │      │ No │   │Yes │   │Yes │
         │133/│      │17/ │   │82/ │   │88/ │
         │159 │      │27  │   │145 │   │119 │
         │35% │      │ 6% │   │32% │   │26% │
         └────┘      └────┘   └────┘   └────┘
```

```
> print(yhat.table)
    yhat.result
     No Yes
 No  16  14         > print(paste("estimate of misclassification error:")
 Yes  3  17         [1] "estimate of misclassification error: 0.34"
```

の（仮想）データが入っています。

Rのコード（decision_tree.R）では、上記の分析を実行します。まず、①以下で使う各種パッケージを読み込みます（決定木："rpart""rpart.plot"、ランダムフォレストのパッケージ："randomForest" およびブースティング："gbm"）。次に、②データファイル "dec_data.csv" を読み込みます。

図4.6上段には、6人のデータが出力形式で記載してあります。例えば、ID#1の人は、購買してない人（Buy = No）で、男性（Gender = Male）、子どもなし（Kid = No）、E-mail の利用あり（Email = Yes）、カタログ購読なし（Subscribe = No）、持ち家あり（OwnHome = Yes）、の属性を持っています。③決定木の分析では、"rpart" パッケージを使います。これは、クロスエントロピー尺度を変数選択に用います。最初の450人のデータを訓練データとして

分析します。

　図4.6の下段には、分析した結果の出力としての決定木が描かれています。この結果、すべての変数は使われず、Subscribe、Gender、Email のみが使われています。この決定木によると、まずカタログ購読をしており（Subscribe = Yes）、男性（Gender = Male）でメールを使っている（Email = Yes）人たちが、購入者145人中82人を占める優良顧客セグメントであり、次にカタログ購読をしている女性（Gender = Female）で119人中88人が購入している次善の優良顧客であると判断できます。逆に、カタログ購読をしない（Subscribe = No）セグメントは159人中133人が購入せず、さらにカタログ購読する男性でもEmail を利用しない人は27人中17人が購入しない、いわば対象外の人たちと判断できると解釈します。さらに図4.6の左下には、推定された決定木を使って使用しなかったテストデータを予測した正解率（対角成分）および誤判別率（非対角成分）が2×2の行列の形で出力されています。つまり、購入しない人30人中16人は"No"と予測を的中させますが、14人は誤って"Yes"と予測し、さらに購入した人20人のうち17人は購入すると正解を与え、間違うのは3人のみとなっており、購入者を判別するルールとしてはまずまずの結果と言えるでしょう。図の最下段の出力では、誤判別率（misclassification rate）が0.34（平均）と計算されています。

　次は、目的変数が連続型となる、④回帰木の分析です。上述の購買に関するデータについて、連続量の金額（Purchase）を目的変数とした結果です。図4.7の左上には回帰木が出力されており、すべての説明変数がノードに使われています。その右には、回帰木の枝を刈り込む（pruning）ことで、より簡潔な構造を抽出するための指標として cp 統計量のグラフが出力されています。ここでcp は、complexity parameter（複雑性パラメータ）の略で、木がある大きさのときのモデルの複雑さの指標を与え、cp 値が小さいほどより複雑なモデルを意味します。横軸は木のサイズ（1～5）および cp 値があり、刈り込んだ木のサイズに応じて計算される予測誤差の値（X-val Relative Error）がプロットされています。木のサイズが大きくなるにつれてモデルが複雑になり、その結果、予測誤差は減少しますが、サイズ5を超えるとそれ以上減少しなくなります。したがって、サイズが5となるところで木を刈り込みます。これは階層的クラ

4.4 決定木と集団学習

図4.7 回帰木の分析

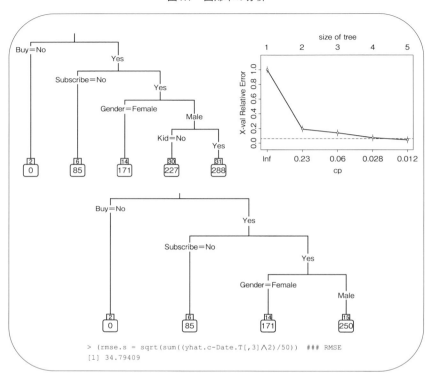

スター分析でのデンドログラムにおいて、距離を決めて切断し、意味あるクラスターを形成することと同じ操作と考えてもよいでしょう。図4.7の下部には予測の平均二乗誤差（RMSE）が34.794と出力されています。

次は、⑤パッケージ"library(randomForest)"を用いてバギングおよびランダムフォレストを実行します。バギングがすべての説明変数をつねに使うのに対して、ランダムフォレストは、個体のみならず使う変数もブートストラップで選んで繰り返す方法であり、すべての変数を使うとすればバギングも実行できるため、これを使います。最後に⑥ブースティングを実行します。ここでは繰り返し回数を35,000としています。

図4.8左側には、バギングとランダムフォレストの変数の重要度指標がそれ

70

図4.8　バギング、ランダムフォレストの変数重要度、および予測誤差

```
> importance(bag.data)
              %IncMSE  IncNodePurity
Buy         214.26540     4100832.11
Gender      120.56781      309438.69
Kid          59.25721      109013.79
Email        38.97700       24352.68
Subscribe   117.02040      495457.00
ownHome      23.46930       44427.11
> importance(for.data)
              %IncMSE  IncNodePurity       =========RMSE
Buy         194.25144     3907778.68
Gender       98.05714      298240.36       Regression Tree : 34.794
Kid          43.13325      102316.93       Bagging         : 28.235
Email        24.37697       40899.12       Random Forest   : 28.101
Subscribe   104.72541      658041.02       Boosting        : 28.578
ownHome      22.61919       50118.70
```

ぞれ出力されています。IncMSEでみた場合、数値の大きさの順に、バギングではBuy、Gender、Subscribe、ランダムフォレストでは、Buy、Subscribe、Genderの順に重要な要因となっています。図4.8の右側にはブースティングを含めたテストデータの予測平均二乗誤差（RMSE）の出力が記載されています。バギング、ランダムフォレスト、ブースティングの集団学習の予測誤差が回帰木よりも小さくなり、精度が上がっていることがわかります。中でもランダムフォレストが最も良い予測を与えています。

【参考文献】

Breiman, L., J. Friedman, C. J. Stone and R. A. Olshen（1984）*Classification and Regression Trees*, Chapman and Hall.

Hastie, T., R. Tibshirani and J. Friedman（2001）*The Elements of Statistical Learning: Data Mining, Inference, and Prediction*, Springer.

James, G., D. Witten, T. Hastie and R. Tibshirani（2013）*An Introduction to Statistical Learning with Application in R*, Springer.

ビショップ、C. M.（2007, 2008）『パターン認識と機械学習（上・下）』元田浩・栗田多喜夫・樋口知之・松本裕治・村田昇訳、シュプリンガー

第5章 判別と機械学習

　訓練（学習）データがある場合の"教師あり学習"法として、目的変数が性質（qualitative）の場合の分類手法である、①判別分析、②ロジスティック回帰、そして、③サポートベクトルマシンを学びます。

　ここまで、同様の目的を持つ手法をいくつか紹介しました。第3章で説明したナイーブ・ベイズ分類器では要素間の独立性、そして第4章で解説した決定木では木の構造をそれぞれ仮定しました。本章で説明する手法は、説明変数の利用および説明変数との非線形関係が焦点となります。説明変数を持つ回帰分析との比較では、目的変数はいくつかのカテゴリーを表し、カテゴリーを予測する問題と言えます。

5.1 判別分析

5.1.1 事後確率最大化分類器と線形判別関数

　$p+1$ 個の変数 $Y, X_1, ..., X_p$ に関する n 組の観測値からなる多変量データについて、目的変数 Y が2つのクラスの二値変数、あるいは、3つ以上のクラスのカテゴリー変数であるとします。このとき、個体 i の目的変数 Y_i が p 個の説明変数 $\boldsymbol{x}_i' = (x_{1i}, x_{2i}, ..., x_{pi})$ によって M 個のカテゴリーの中のクラス k に分類される確率は、π_k をクラス k の事前確率、$f_k(\boldsymbol{x})$ をクラス k のときの $\boldsymbol{x}$ の確率分布としたとき、ベイズの定理により、次のように表せます。

5.1 判別分析

$$P(Y_i = k \mid X = \boldsymbol{x}_i) = \frac{\pi_k f_k(\boldsymbol{x}_i)}{\sum_{l=1}^{M} \pi_l f_l(\boldsymbol{x}_i)} \tag{5.1}$$

第3章で説明したナイーブ・ベイズ分類器は、π_k が訓練データにあるクラス k (例えば、迷惑メール) の比率、さらに $f_k(\boldsymbol{x}_i)$ は迷惑メールの文書 i にある単語の同時出現確率であり、単語 j の出現頻度 x_j の確率分布が各単語について独立であること、したがって $f_k(\boldsymbol{x}_i) = \prod_{j=1}^{p} f_k(x_j)$ と書ける場合に対応します。一般には、この事後確率を最大にするクラス $\arg\max P(Y_i = k \mid X = \boldsymbol{x}_i)$ を求めて判別ルールを構成します。

いま、$p = 1, M = 2$ の場合で判別分析を説明しましょう。まず、2つのクラスは、平均が異なるが分散は同じ正規分布、すなわち、$N(\mu_1, \sigma^2)$ および $N(\mu_2, \sigma^2)$ と仮定します。このとき、i 番目の観測値 Y_i がクラス1に判別される事後確率(5.1)式は下記で表されます。

$$P(Y_i = 1 \mid X = x_i) = \frac{\pi_1 \dfrac{1}{\sqrt{2\pi\sigma^2}} \exp\left\{-\dfrac{1}{2\sigma^2}(x_1 - \mu_1)^2\right\}}{\sum_{k=1}^{2} \pi_k \dfrac{1}{\sqrt{2\pi\sigma^2}} \exp\left\{-\dfrac{1}{2\sigma^2}(x_k - \mu_k)^2\right\}} \tag{5.2}$$

そして、$P(Y_i = 1 \mid X = x_i) > P(Y_i = 2 \mid X = x_i)$ のときクラス1と判別されます。すなわち、この判別ルールは、(5.2)式を最大にするクラス、同じことですが、右辺の分母はクラスに共通なので分子を最大化するクラスへ判別します。

判別分析は、訓練データの各クラスの比率 $\hat{\pi}_1, \hat{\pi}_2 = 1 - \hat{\pi}_1$ で事前確率を推定して置き替え、このベイズ分類器の近似とし、未知パラメータ μ_k をそのクラス推定値 $\bar{x}_k = \hat{\mu}_k$ で置き換えて判別ルールを構成します。(5.2)式の分子の対数をとったものにこれらを代入すると、判別関数は以下のようになります。

$$\ln \hat{\pi}_k + x_i \left(\frac{\hat{\mu}_k}{\hat{\sigma}^2}\right) - \left(\frac{\hat{\mu}_k^2}{2\hat{\sigma}^2}\right) \tag{5.3}$$

この場合、分散の推定値 $\hat{\sigma}^2$ は訓練データ全体の標本分散 $s^2 = \sum_{i=1}^{n}(x_i - \bar{x})^2/(n-1)$ を利用します。ここで事後確率(5.2)式は、パラメータ $\theta_k = (\mu_k, \sigma)$ を条件付きとする事後確率 $P(Y_i = k \mid X = x_i, \theta_k)$ で、$k = 1$ としたものであることに注意しましょう。本来はパラメータの事前確率 $P(\theta_k)$ を設定し、θ_k について

期待値をとり

$$\int P(Y_i = k \mid X = x_i, \theta_k) P(\theta_k) d\theta_k = \int P(Y_i = k, \theta_k \mid X = x_i) d\theta_k$$
$$= P(Y_i = k \mid X = x_i) \tag{5.4}$$

により周辺化する必要があります。ここでは推定値$\widehat{\theta}_k$を代入して$P(Y_i = k \mid X = x_i, \widehat{\theta}_k)$としてこれを近似するものと解釈します。

(5.3)式は、観測値x_iに関して線形の分離平面（のちに一般的に定義します）を定義することになるので**線形判別関数**と呼ばれます。

上記のルールはXがp次元である多変量データに拡張可能です。このとき、2つのクラスの分布はそれぞれ平均ベクトル$\boldsymbol{\mu}_1, \boldsymbol{\mu}_2$、共通の分散共分散行列$\Omega$を持つ$k$変量正規分布の確率密度関数を用い、パラメータには上記の推定値を1変数と同様に用いると、判別関数が定義され、データY_iは次の線形判別関数が最大となるkと判別されます。

$$\ln \widehat{\pi}_k + \boldsymbol{x}_i' \widehat{\Omega}^{-1} \widehat{\boldsymbol{\mu}}_k - \widehat{\boldsymbol{\mu}}_k' \widehat{\Omega}^{-1} \widehat{\boldsymbol{\mu}}_k \tag{5.5}$$

ここで$\widehat{\boldsymbol{\mu}}_k$はグループ$k$の$p$次元標本平均ベクトル$\bar{\boldsymbol{x}}_k$であり、$\widehat{\Omega}^{-1}$は両グループを併合した全データで計算される標本分散共分散行列の逆行列 $S^{-1} = \left(\frac{1}{n-1}\sum_{i=1}^{n}(\boldsymbol{x}_i - \bar{\boldsymbol{x}})(\boldsymbol{x}_i - \bar{\boldsymbol{x}})'\right)^{-1}$ です。

判別分析の例：企業財務指標による倒産予測モデル（アルトマンモデル）

線形判別関数を用いるよく知られた例として、企業の倒産を財務指標から判別する統計モデルがあります。これは、企業の財務諸表から判別分析を利用して倒産確率を計算し、企業の業績診断を行う古典的な方法です。これを提案したアルトマン（E. I. Altman）に因んでアルトマンモデルとして知られています。

具体的には、企業の5つの業績指標 X_1：運転資本の増加÷総資産、X_2：内部留保÷総資産、X_3：税引前営業利益÷総資産、X_4：発行済株式数×株価÷有利子負債、X_5：売上高÷総資産、を用いて、判別関数：$1.3X_1 + 1.4X_2 + 3.3X_3 + 0.6X_4 + 1.0X_5 - 2.675 > 0$のとき、この企業は倒産すると判別し、これが負の値をとるときに倒産しないと予測するものです。

5.1.2 Rによる分析例：保険加入の判別ルール

利用するデータは、RのパッケージEcdatにあるHIデータセットから構成したもので、家計の属性に関する次の6つの変数を使います。すなわち、健康保険加入の有無（y）、6歳以下の子どもの有無（kidslt6）、6〜18歳の子どもの有無（kids618）、夫の収入（husby）、妻の週当たり労働時間（whrswk）、妻の勤続年（experience）です。ここでは訓練データとして、保険加入が200家計、未加入が800家計の合計1000家計のデータを分析します。テストデータは100家計です。

本書「はしがき」に示すリンク先で提供するRコードでは、まず、①CSV形式で保存されている2つのデータセット Hi.tr.csv、Hi.t.csv を読込みます。前者はオリジナルデータで、後者は予測精度を上げるために再構成したデータです。②線形判別分析（LDA：Linear Discriminant Analysis）、ロジスティック回帰（Logistic Regression）、ROC曲線などを関数として定義します（プログラムの先頭にROC曲線のパッケージを必要に応じてインストールするコマンドが書かれています）。③モデルの推定、④計算結果の出力のコマンドへと続きます。

Rではlda関数を利用してこのモデルの推定ができます。図5.1は、上記の線形判別関数を推定した結果の出力です。まず訓練データの中の健康保険加入の有無（yes, no）の集団比率が事前確率（prior probability）として計算されており、no（クラス1）の確率が $\hat{\pi}_1 = 0.8$、yes（クラス2）の確率が $\hat{\pi}_2 = 0.2$ と計算されています。その下には、5つの説明変数について各グループの平均値が表として出力されます。この記述統計から、加入するグループは、妻の週当たり労働時間が未加入グループより約20時間長く、それ以外の4つの変数はすべてより小さい平均値を持つことがわかります。

その次の出力項目は、線形判別係数（coefficients of linear discriminants）であり、(5.5)式の判別ルールに従えば、

$$\ln(\hat{\pi}_2/\hat{\pi}_1) + \boldsymbol{x}_i' \hat{\Omega}^{-1}(\hat{\mu}_2 - \hat{\mu}_1) - (\hat{\mu}_2 - \hat{\mu}_1)' \hat{\Omega}^{-1}(\hat{\mu}_2 - \hat{\mu}_1) > 0 \qquad (5.6)$$

のときクラス2（yes）に判別されます。出力では $\boldsymbol{x}_i$ の係数推定値である5次元ベクトル $\hat{\Omega}^{-1}(\hat{\mu}_2 - \hat{\mu}_1)$ が出力されています。妻の週当たり労働時間が正で0.0567であり、妻の労働時間が長いほど判別関数は大きな値をとり、クラス2

図5.1 判別関数の推定値

```
Prior probabilities of groups:
 no yes
0.8 0.2

Group means:
    whrswk experience kidslt6 kids618    husby
no  18.630   23.67063 0.37875    0.72 27.43364
yes 38.765   20.56500 0.29500    0.56 26.47255

Coefficients of linear discriminants:
                    LD1
whrswk       0.056714593
experience  -0.005911516
kidslt6     -0.001202040
kids618     -0.149322491
husby       -0.004282062
```

(yes)へ判別され、その他の説明変数は逆の関係で大きい値をとるほどグループ1（no）に判別されることになります。これはグループ平均の差でみた関係と整合的です。

次に、表5.1は判別関数によって正しく判別された度数、誤って判別された度数を表しており、**混同行列**（confusion matrix）と呼ばれています。ここでは出力を見やすくするため、表を整形しています。左は訓練データの混同行列であり、各行が判別関数による予測、各列が実績をそれぞれ表します。例えば、加入（yes）を予測して実際に加入した（yes）ものは、行列（2,2）の位置にある24ケースであり、予測的中率は $24/200 = 0.12$（12%）です。疾病診断では陽性の人を陽性と正しく判断したことに対応し**感度**（sensitivity）とも呼ばれます。一方、未加入（no）と予測して当ったのは780ケースです。これら両者全体の正答率は $804/1000 = 0.804$（約80%）となります。テストデータの感度は0%、全体の正答率は0.78です。この例は未加入（no）の予測に性能を発揮していると言えます。

表5.1 混同行列（Confusion Matrix）

訓練データ

	no	yes	小計
$\widehat{no}$	780	176	956
$\widehat{yes}$	20	24	44
小計	800	200	1000

テストデータ

	no	yes	小計
$\widehat{no}$	78	20	98
$\widehat{yes}$	2	0	2
小計	80	20	100

5.1.3 さまざまな誤り

次に、予測が外れるケースを考えましょう。外れたのは、未加入（no）と予測（$\widehat{no}$）して加入（yes）であった行列 (1, 2) の176ケース、加入（yes）と予測（$\widehat{yes}$）して未加入（no）である行列 (2, 1) の20ケースでした。まず全体の誤り率（misclassification rate）はこれらの和を全数で割り、$(176+20)/1000 = 0.196$ で約20%となります。表5.1右のテストデータの混同行列を見ると、全体の誤り率は $(20+2)/100 = 0.22$ で22%であり、訓練データの誤り率とあまり変わらないことがわかります。

いま、保険加入の予測を目的とした場合、加入（yes）と予測して未加入（no）である誤りは、仮説検定では第1種の過誤、または有意水準と同じ意味を持ちます。同様に、未加入（no）と予測して加入（yes）であるのは仮説検定の第2種の過誤と規定できます。機械学習では、前者は false positive rate と呼ばれます。疾病に係る陽性・陰性の判断では偽陽性にあたります。また加入（yes）の的中率は精度（precision）と呼ばれます。（1－第2種の過誤）は、仮説検定では検出力といわれますが、機械学習では true positive rate と呼びます。

5.1.4 ROC 曲線と判別の評価

2クラスの判別分析（事後確率最大化分類器）では、$P(Y_i = 1 | X = x_i) > P(Y_i = 2 | X = x_i)$、すなわち $P(Y_i = 1 | X = x_i) > 0.5$ のとき（事後確率が0.5を超えたとき）にクラス1にデータを分類します。しかし、保険加入の機会損失を防ぐためにこの閾値を調整し、例えば0.3と低い確率の場合でも加入と予測する判断もありえます。すなわち、$P(Y_i = 1 | X = x_i) > C$ のときクラス1に分類します。これは事前分布や尤度関数の不確実性を考慮すれば、閾値 C はモデル適合度、および予測力を高めるチューニングパラメータとなります。

図5.2 ROC 曲線（訓練データとテストデータ）

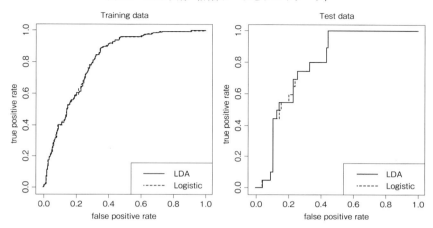

　一般に、この閾値 C を可能な範囲で動かしたとき、横軸に false positive rate、縦軸に true positive rate をとってこれらの値をグラフにしたのが ROC (Receiver Operating Characteristic) 曲線です。その日本語は「受信者操作特性」などと呼ばれます。もともと通信分野で使われた用語であり、必ずしも適しませんが、機械学習ではこのままの用語が使われます。疾病診断ではスクリーニング検査の性能を視覚的に判断するのがこの曲線です。仮説検定の用語では、横軸は有意水準で、縦軸が検出力ですので、有意水準がゼロに近く、検出力が1に近いものが良い判別法と言えます。ROC 曲線下の面積（AUC：Area under the Curve）は、判別（分類）法の性能の良さを表し、完全な分類が可能なときの面積は1で、ランダムな分類の場合は0.5になります。

　図5.2は、保険加入の分析での訓練データおよびテストデータに適用したときの ROC 曲線の出力です。実線は線形判別分析（LDA）を示し、破線が後述するロジスティック回帰（Logistic）を表します。訓練データでは両者の差はみられません。

最適閾値（cut point）

　上記のRによる分析では、ROC 曲線上の各点の背後にある閾値（cut point）も出力されます。紙面の都合上掲載していませんが、出力では、false positive

5.1 判別分析

表5.2 混同行列（Confusion Matrix）：クラス不均衡問題

訓練データ

	no	yes	小計
n̂o	126	17	143
ŷes	74	183	257
小計	200	200	400

テストデータ

	no	yes	小計
n̂o	13	4	17
ŷes	7	16	23
小計	20	20	40

rate の軸を0.00から0.00125刻みで1.000まで動かしたときの（true positive rate、閾値）の値が出力されます。例えば、false positive rate が0.30125、true positive rate が0.800のときの閾値は0.2795です。その結果、解釈としては、2つの指標の水準を採用する場合、つまり、第1種の過誤を30%にしたとき、検出力を80%にする閾値は0.2795であり、その場合、判別確率が0.2795を超えれば保険に加入すると予測するのが最適となります。0.5より低い確率でも保険に入ると予測するほうが、予測精度は良いということになります。

クラス不均衡問題

ここまでは、加入（yes）の正答率が低い結果でした。これは、未加入のクラス内の人数が加入クラスのそれよりも4倍多いことから生じうる変動の違いに起因し、機械学習では**クラス不均衡問題**（class imbalance）と呼ばれます。

これに対しては、訓練データの各クラスから同程度の人数をサンプリングしてくることで改善されることがあります。加入、未加入の家計をそれぞれ200として再構成したデータセット（Hi.t.csv）に対して分析した結果が、表5.2の混同行列です。訓練データおよびテストデータの全体の誤り率はそれぞれ(17+74)/400 = 0.2275、(4+7)/40 = 0.275となり、訓練データは大きく変わりませんが、テストデータで5.5%程度増えています。他方、感度は、訓練データ、テストデータのそれぞれで、183/200 = 0.915、16/20 = 0.80と格段に上昇しています。このように、どちらかのクラスに重点がある場合にはこの処理が有効です。

5.1.5 分散が等しくないときの判別（二次判別関数）および多クラス分類

(5.3)式または(5.5)式の判別ルールでは、2つの正規母集団の分散は同じであると仮定していましたが、これを緩めることも可能で、多変量正規分布の密

度関数を用いて、次の判別関数

$$\ln \hat{\pi}_k + \boldsymbol{x}_i' \hat{\Omega}_k^{-1} \boldsymbol{x}_i + \boldsymbol{x}_i' \hat{\Omega}_k^{-1} \hat{\mu}_k - \hat{\mu}_k' \hat{\Omega}_k^{-1} \hat{\mu}_k - \ln|\hat{\Omega}_k| \tag{5.7}$$

が最大となる k として判別されます。これは x の2次関数となっているため、二次判別分析と呼ばれます。2つのクラスの母集団の分散が同じであるとする仮定は必ずしも合理的ではなく、とくに訓練データの数が多いときには二次判別分析のほうが性能の良いことが知られています。

さらに、2クラスの分類から m クラスの分類へは容易に拡張できます。クラス k の事後確率を評価し、それが最大になるクラスに分類します。

5.2 ロジスティック回帰

5.2.1 質的従属変数とロジスティック回帰モデル

計量経済学では馴染みのある質的従属変数モデルの立場から、判別問題を考えることもできます。例えば、ロジスティック回帰は、$Y=1$（倒産）、$Y=0$（倒産しない）としたときに、これを説明する変数として、例えばアルトマンモデルのように5つの説明変数を持つ回帰モデル

$$Y_i = \alpha + \beta_1 X_{1i} + \beta_2 X_{2i} + \beta_3 X_{3i} + \beta_4 X_{4i} + \beta_5 X_{5i} + \varepsilon_i \tag{5.8}$$

を考えます。説明変数を条件付きとしたときの従属変数の確率分布 $P(Y_i|\boldsymbol{X}_i)$ は、誤差項 ε_i の確率分布と平均値は異なりますが、同じ性質を持ちます。つまり、誤差項は Y の値に応じて二値すなわち、$\varepsilon = 1-p$（$Y=1$ のとき）、$\varepsilon = -p$（$Y=0$ のとき）となります。回帰モデルで考えたときには、離散型ベルヌーイ分布を誤差項に持つ回帰モデルとなり、統計的推測上複雑で扱いにくいモデルとなります。

これに対しては、背後に潜在変数を仮定し、例えば、連続値をとる潜在変数 Z を考え、これを"企業の不健全度"とし、それが5つの説明変数によって

$$Z_i = \alpha + \beta_1 X_{1i} + \beta_2 X_{2i} + \beta_3 X_{3i} + \beta_4 X_{4i} + \beta_5 X_{5i} + \varepsilon_i \equiv \boldsymbol{X}_i' \boldsymbol{\beta} + \varepsilon_i \tag{5.9}$$

5.2 ロジスティック回帰

と表現でき、"$Z_i > 0$ のとき倒産、そうでなければ倒産しない" と判断します。このとき、倒産確率は次で表されます。

$$\begin{aligned} p_i &= P(Y_1 = 1 \mid \boldsymbol{X}_i) = P(Z_i > 0 \mid \boldsymbol{X}_i) = 1 - P(\varepsilon_i \leq -\boldsymbol{X}_i'\boldsymbol{\beta}) \\ &= 1 - F_\varepsilon(-\boldsymbol{X}_i'\boldsymbol{\beta}) \end{aligned} \quad (5.10)$$

同様に倒産しない確率は、$P(Y_i = 0 \mid \boldsymbol{X}_i) = P(Z_i \leq 0 \mid \boldsymbol{X}_i) = F_\varepsilon(-\boldsymbol{X}_i'\boldsymbol{\beta})$ と表せます。ここで $F_\varepsilon(\cdot)$ は誤差項の分布関数です。この確率分布に正規分布を仮定したものは**プロビットモデル**と呼ばれ、分布関数では積分評価が必要となります。

他方、ロジスティック分布という標準正規分布に近い別の分布を仮定したものが**ロジスティック回帰モデル**です。このモデルは分布関数 $F_\varepsilon(\cdot)$ が明示的に表される便利な性質を持ち、倒産確率および倒産しない確率はそれぞれ次のように表現されます。

$$\begin{aligned} p_i &= 1 - F_\varepsilon(-\boldsymbol{X}_i'\boldsymbol{\beta}) = \frac{1}{1 + \exp(-\boldsymbol{X}_i'\boldsymbol{\beta})} \\ 1 - p_i &= F_\varepsilon(-\boldsymbol{X}_i'\boldsymbol{\beta}) = \frac{\exp(-\boldsymbol{X}_i'\boldsymbol{\beta})}{1 + \exp(-\boldsymbol{X}_i'\boldsymbol{\beta})} \end{aligned} \quad (5.11)$$

倒産確率と倒産しない確率の比である $p_i/(1-p_i) = \exp(\boldsymbol{X}_i'\boldsymbol{\beta})$ は、**オッズ**と呼ばれます。さらに、これの対数をとると以下のようになります。

$$\ln\left(\frac{p_i}{1-p_i}\right) = \boldsymbol{X}_i'\boldsymbol{\beta} = \alpha + \beta_1 X_{1i} + \beta_2 X_{2i} + \beta_3 X_{3i} + \beta_4 X_{4i} + \beta_5 X_{5i} \quad (5.12)$$

すなわち、ロジスティック回帰モデルは、オッズの自然対数（ロジットと呼ばれます）が説明変数の線形関数で与えられるモデルです。パラメータ β の推定は分布関数を用いる最尤推定法が適用できます。$(Y_i, \boldsymbol{X}_i)$ に対する尤度は $P(Y_i \mid \boldsymbol{\beta}, \boldsymbol{X}_i) = p_i^{Y_i}(1-p_i)^{1-Y_i}$ と表されることから、n 社のデータ $(Y_i, \boldsymbol{X}_i)$ について、尤度関数は下記で定義され、これを最大にするようにパラメータを推定します。

図5.3 ロジスティック回帰と線形回帰

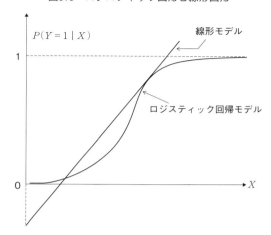

$$P(\boldsymbol{Y}|\boldsymbol{\beta},\boldsymbol{X}) = \prod_{i=1}^{n} p_i^{Y_i}(1-p_i)^{1-Y_i}$$
$$= \prod_{i=1}^{n}\left[\frac{1}{1+\exp(-\boldsymbol{X}_i'\boldsymbol{\beta})}\right]^{Y_i}\left[\frac{\exp(-\boldsymbol{X}_i'\boldsymbol{\beta})}{1+\exp(-\boldsymbol{X}_i'\boldsymbol{\beta})}\right]^{1-Y_i} \quad (5.13)$$

図5.3には推定曲線のイメージが描かれています。(5.8)式を強引に通常の回帰モデルとみなして推定した場合の線形モデルも描いてあります。この場合、Y がマイナスや1を超える値を予測してしまう可能性があります。それに対して成長曲線と類似した軌跡を持つロジスティック回帰モデルでは、原理上この問題は生じません。

5.2.2 Rによる分析例:保険加入の判別とその要因

5.1節と同じデータを用いて、ロジスティック回帰の分析をしてみましょう。R では glm という一般化線形モデルのパッケージを利用して推定ができます。

図5.4は、最尤推定の結果の出力で、オリジナルデータおよび再構成されたデータの両方の結果を出力しています。係数の有意性やモデルの適合度指標のAIC の値から判断して、再構成されたデータの結果がより望ましい性質を持っていると判断できます。以下では、この再構成されたデータの分析結果につい

5.2 ロジスティック回帰

図5.4 ロジスティック回帰分析：オリジナルデータ（左）と再構成データ（右）

```
Coefficients:                                          Coefficients:
             Estimate Std.Error z value Pr(>|z|)                    Estimate Std.Error z value Pr(>|z|)
(Intercept) -3.355255  0.417383 -8.039  9.07e-16 ***  (Intercept) -3.118818  0.588370 -5.301  1.15e-07 ***
whrswk       0.077957  0.007399 10.536  < 2e-16 ***   whrswk       0.094744  0.010409  9.102   < 2e-16 ***
experience  -0.005868  0.009221 -0.636  0.5246        experience   0.019154  0.013326  1.437   0.1506
kidslt6      0.022539  0.162893  0.138  0.8900        kidslt6      0.619122  0.248565  2.491   0.0127 *
kids618     -0.191325  0.102685 -1.863  0.0624 .      kids618     -0.278630  0.134036 -2.079   0.0376 *
husby       -0.005105  0.004020 -1.270  0.2041        husby       -0.006924  0.005326 -1.300   0.1935
---                                                   ---
Signif. codes: 0 '***' 0.001 '**' 0.01 '*' 0.05 '.' 0.1  Signif. codes: 0 '***' 0.001 '**' 0.01 '*' 0.05 '.' 0.1

(Dispersion parameter for binomial family taken to be 1)  (Dispersion parameter for binomial family taken to be 1)

    Null deviance: 1000.80 on 999 degrees of freedom       Null deviance: 554.52 on 399 degrees of freedom
Residual deviance:  786.11 on 994 degrees of freedom  Residual deviance: 398.24 on 394 degrees of freedom
AIC: 798.11                                           AIC: 410.24

Number of Fisher Scoring iterations: 6                Number of Fisher Scoring iterations: 5
```

て詳しくみてみます。

　まず、最尤法は数値的最適化により最尤推定値を求めますが、その際、初期値から繰り返して推定値の変動が小さくなるまで更新を続けます。出力の最下部には、フィッシャースコアリング（Fisher Scoring）アルゴリズムを用いて5回の繰り返しで推定値が収束したことが示されています。次に係数の推定値は、主婦の労働時間（whrswk）が0.094744とプラスで有意に推定され、保険加入に対して正の影響を与えていることがわかります。逆に、子ども（kidslt6）および子ども（kids618）の係数がそれぞれ0.619122, −0.278630で有意に推定されています。6歳以下の子どもの存在は保険加入を促進し、6〜18歳の子どもはブレーキを掛ける要因と判断できます。

　また、保険に加入する確率が閾値 C を超える p_i を、$\hat{p}_i = \frac{1}{1+\exp(-\boldsymbol{X}_i\boldsymbol{\beta})} > C$ と定義して ROC 曲線を描くことができます。このケースでは性能の差はあまりないようです。

　このようにロジスティック回帰や判別分析は、判別ルールについて解釈が可能であることが強みです。他方、次節で説明するサポートベクトルマシンは優れた判別（予測）性能を持つことが知られていますが、解釈性がない（低い）ことが問題で、判別に際してどの説明変数をどのように制御すべきかについての示唆が得にくい手法です。第4章の集団学習でも説明しましたが、予測性能と解釈可能性にはトレードオフがあり、機械学習は前者にウェイトを置くもの

と言えます。

5.3 サポートベクトルマシン

機械学習分野で発展した分類法であるサポートベクトルマシンは、ここまでで説明した手法とは大きく趣と装いが異なります。特徴は、①訓練データの判別を行う際、数値的最適化に基づき、確率分布を利用しないこと、②判別関数はパラメータ空間では線形であるが、説明変数（機械学習では特徴量と呼ばれます）空間では非線形構造を持つこと、③サポートベクトルと呼ばれるデータの一部のみを利用し、データ全部を使わず分析の頑健性を担保しようとすること、です。

5.3.1 サーポートベクトル分類器

いま、2次元データ $\boldsymbol{X}_i = (X_{1i}, X_{2i})'$ を用いて目的変数を $Y_i = 1$ または $Y_i = -1$ に分類する線形判別関数は、

$$\beta_0 + \beta_1 X_{1i} + \beta_2 X_{2i} > 0 \text{ のとき } Y_i = 1$$
$$\beta_0 + \beta_1 X_{1i} + \beta_2 X_{2i} \leq 0 \text{ のとき } Y_i = -1$$

であり、これをまとめて次のように書くことができます。

$$Y_i(\beta_0 + \beta_1 X_{1i} + \beta_2 X_{2i}) \geq 0 \tag{5.14}$$

カッコ内の線形関数はクラスを分離する**分離平面**と呼ばれます。このときサポートベクトル分類器は、図5.5のように分離平面の両側に**マージン**を置きます。また、訓練データのすべてのサンプルが正しく分離されない場合も考慮して、判別の閾値をゼロから M に拡大させ、分離がより明確になるよう M を最大化して係数を求めます。

最適化手法を用いた分類法では確率を使わないため、確実に分離できることが前提となります。そこで、少しは判別ミスを許容して全体としてよい判別ルールとなることを目指し、不確実性を確率ではなく、誤りやそのコストを表す

5.3 サポートベクトルマシン

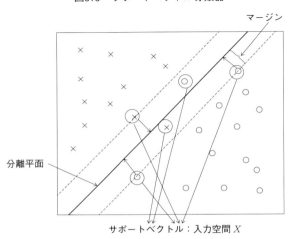

図5.5 サポートベクトル分類器

変数（パラメータ）を導入して最適化問題を拡張します。

具体的には、サポートベクトル分類器は、下記の最適化問題を解いて得られる分離平面とする分類器です。

$$\max_{\{\beta_k\}, \{\varepsilon_i\}} M$$
$$\text{s.t. } y_i(\beta_0 + \beta_1 X_{1i} + \beta_2 X_{2i}) > M(1-\varepsilon_i)$$
$$\sum_{k=0}^{2} \beta_k^2 = 1,\ \varepsilon_i \geq 0,\ \sum_{i=1}^{n} \varepsilon_i \leq C \tag{5.15}$$

ここで、(5.15)式の2行目右辺の閾値は、分離平面からの距離を意味するマージン M と、個別データの誤判別を許すスラック変数 ε_i から構成されます。$\varepsilon_i = 0$ の場合はマージンの外側で正しく判別、また $0 < \varepsilon_i \leq 1$ はマージン内で正しく判別、$\varepsilon_i > 1$ の場合は誤判別を意味します。その誤判別度の全体をコントロールするのが、コストと呼ばれるチューニングパラメータ C です。C は統計モデルで言えば、バイアスと分散のトレードオフを調整するパラメータに対応します。

ここで特徴的なのは、マージン上にある点、およびマージンと分離平面の間で誤判別されたデータ（図では○が3つ、×が2つ）のみが分離平面を決定するのに使われ、その他の正しく判別されるデータは使われないということです。

これが異常値への頑健性を保証する仕組みです。これら5つの観測値は分離平面を支えているように見えることから、**サポートベクトル**と呼ばれます。

Cの値が大きいとマージンが広くなり、その結果、サポートベクトルの要素は多くなり、多くのデータが分離平面の特定に使われます。逆にCが小さければサポートベクトルは少ない要素からなります。これは過学習の問題である"分散とバイアスの調整"を行うパラメータと解釈できます。すなわち、多くのデータを推定に使うと一般に説明力（ここでは判別力）は増しますが、過学習により外挿力（テストデータの予測力）は減少します。少ないデータでは、標本変動の影響で分散が大きくなります。この両者のバランスをとる役割がパラメータCと言えます。Cの決め方は、さまざまな値を設定して訓練データから決まるサポートベクトルマシンでテストデータを予測して精度評価を行い、これを複数の訓練データ・テストデータのセットに適用し、最も予測精度の良いCの値を選択する**交差検証法**がよく使われます。

サポートベクトルマシンの最適化問題は、凸二次最適化問題に帰着されます。この凸二次最適化問題は、どの初期値から最適化を始めても大域的最適値に辿り着くことが保証されている、扱いやすい最適化問題に分類されます。

さらに、紙面の都合上省略しますが、上記の最適化問題の双対問題が定義され、この双対問題に関する最適化の**カリューシュ・キューン・タッカー条件**（ミクロ経済学ではよく知られる）から、①分離平面係数$\{\beta_k\}$（主変数と呼ばれます）が$\{\alpha_i\}$（双対変数と呼ばれます）へ置き換わり、②最適解は説明変数の内積$\boldsymbol{X}_i'\boldsymbol{X}_j$のみが関係して、サポートベクトル分類器は

$$f(X) = \beta_0 + \sum_{i=1}^{n} \alpha_i \boldsymbol{X}\boldsymbol{X}_i \tag{5.16}$$

で表されること、さらに、③双対問題でのラグランジュ乗数である係数α_iはサポートベクトルに対してのみ非ゼロで、マージンの外側では$\alpha_i = 0$となること、が証明されます（例えば、Hastie et al. 2009, p.155, もしくは杉山他訳2014を参照）。とくに③から、$\alpha_i \neq 0$がサポートベクトルに対する係数であり、サポートベクトルのみが分離平面を規定する要因であることがわかります。

5.3 サポートベクトルマシン

図5.6 サポートベクトルマシン

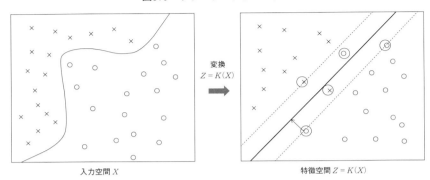

入力空間 X → 特徴空間 $Z = K(X)$

5.3.2 サポートベクトルマシン

この分類器は、パラメータおよび説明変数(特徴量)の両方の意味で線形な分離平面を利用しますが、これを非線形な分離面へ拡張するのがサポートベクトルマシンです。その際、上記では2次元の入力空間から非線形変換 $\phi(X_i)$ によって訓練データすべての観測値のより高次元の特徴空間に拡張します。例えば、非線形変換として3次多項式を考えれば、$(X_{1i}, X_{2i}, X_{1i}^2, X_{2i}^2, X_{1i}^3, X_{2i}^3)$ となり、6次元空間へ拡張されます。(5.16)式で、特徴量を非線形変換した $\phi(X_i)'\phi(X_j)$ に置き換えて最適化を行います。一般により節約的な多項式として、説明変数に関する**カーネル**と呼ばれる非線形関数 $K(X, X_i) = \phi(X)'\phi(X_i)$ を導入します。新しいデータ X はカーネルを通じて眺められ、いわばこの窓を通過したものだけを分離平面の構成要素とします。また、この手法は、説明変数の空間(入力空間)から非線形の特徴空間へ次元を上げることにより、分離構造を見やすくできる可能性を利用しており、**カーネルトリック**と呼ばれます(詳細について関心のある読者は、竹内・烏山 2015などを参照してください)。

サポートベクトルマシンでは、特徴量については非線形な関数を用い、パラメータについては線形な形を保持して数学的な扱いやすさを担保しながら分離平面関数を定義します。これは、非線形空間での平面を定義する意味で**超分離平面**と呼ばれます。ここで X を判別データ、X_s を訓練データとしたとき、サポートベクトル分類器(5.16)式は次で定義されます。

$$f(X) = \beta_0 + \alpha_1 K(X, X_1) + \alpha_2 K(X, X_2) + \cdots + \alpha_n K(X, X_n) \tag{5.17}$$

ここで、係数 α_i は、サポートベクトルに対してのみ非ゼロで、それ以外はゼロであることに注意しましょう。訓練データ X_s と判別データ X の距離を定義するカーネル $K(X, X_s)$ はさまざまなものが提案されています。代表的なものが次の放射状（radial）カーネルです。

$$\text{放射状カーネル}: K(X, X_i) = \exp\left(-\sigma \sum_s (X_s - X_{is})^2\right) \tag{5.18}$$

これは、正規分布の密度関数の定数項部分を除いたもの（カーネル〈核〉と呼ばれます）であり、正規分布は別名ガウス分布と呼ばれることから、ガウシアンカーネルとも呼ばれます。正規分布の形から、平均値から離れるに従って急速にこの値はゼロに漸近することがわかります。σ はハイパーパラメータで、事前に与えて予測力を評価しながら値を設定します。

5.3.3 R による分析例：企業業種の判別

企業の卸売購入金額情報を用いて、その企業の業種が、ホテル/飲食業：グループ1か、小売業：グループ2かのいずれかを判別する問題をとりあげます。使用するデータは、ポルトガルにおける440企業の以下の8変数の情報です。(1) FRESH：魚製品年支出額（連続）、(2) MILK：ミルク製品年支出額（連続）、(3) GROCERY：食品雑貨年支出額（連続）、(4) FROZEN：冷凍食品年支出額（連続）、(5) DETERGENTS_PAPER：洗剤紙類年支出額（連続）、(6) DELICATESSEN：デリカ年支出額（連続）、(7) CHANNEL：顧客チャネル Horeca (Hotel/Restaurant/Cafe) または小売の2カテゴリー、(8) REGION：顧客の地域（Lisbon, Oporto, その他）の3カテゴリー。このデータは、機械学習のコミュニティで公開されているもので、脚注のリンク先に詳細な説明があります[1]。

本書「はしがき」に示すリンク先で提供する R コードでは、まず、①パッケージ "e1071" の読み込み（一度だけでよい）、②データの読み込み、③サポートベクトルマシンの設定と最適化計算であり、チューニングパラメータ C, σ

1）http://archive.ics.uci.edu/ml/datasets/Wholesale+customers

5.3 サポートベクトルマシン

図5.7 サポートベクトルマシン計算結果

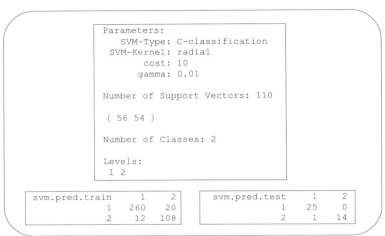

の探索も同時に行います。④混同行列の計算と出力を行い、⑤主成分分析を用いて変数空間を2次元に圧縮して判別結果を可視化します。⑥ROC曲線を描きます。

具体的な最適化計算の際には、関数"tune.out"によってチューニングパラメータ C, σ の探索領域を設定した上で、"svm.fit"によって最適化計算を実行します。Radial（ガウシアン）カーネル法によって計算された結果が図5.7に出力されています。

出力では、非ゼロの係数 α_i を持つサポートベクトルの数（Number of Support Vectors）は110であることを示しており、全体400の約4分の1のデータを判別に使っていることがわかります。またその下の(56 54)はグループ1のサポートベクトルが56、グループ2が54であり、ほぼ均等のウェイトとなっていることがわかります。C は10とし、カーネルのチューニングパラメータ σ は0.01としています。

同図の下部には混同行列が訓練データ（左）およびテストデータ（右）のそれぞれについて評価されています。いずれも判別力は高いと言えます。

図5.8にはROC曲線が描かれており、訓練データばかりでなくテストデータについても高い判別性能を持つことがわかります。

図5.8 サポートベクトルマシン ROC 曲線

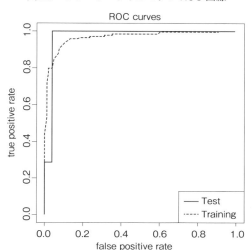

図5.9 サポートベクトルマシン判別結果

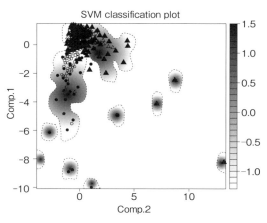

　図5.9は、サポートベクトルマシンによる判別結果であり、7つの入力（説明）変数を2次元（Comp.1, Comp.2）に縮約した空間（主成分分析とよばれる、次章で説明する次元圧縮法を使います）に落として可視化した判別結果です。▲および△はホテル／飲食業を、●および○は小売業を表します。また、黒塗りの記号はサポートベクトル、白抜きの記号はそれ以外のデータを表します。等高

5.3 サポートベクトルマシン

線の裾の破線（手書き）が非線形な判別曲線を表します。いくつかの領域に分かれて判別され、各データが明確に分類されている様子が見えます。

【参考文献】

Hastie, T., R. Tibshirani, J. Friedman（2009）*The Elements of Statistical Learning: Data Mining, Inference, and Prediction*, 2nd ed., Springer.（杉山将他訳（2014）『統計的学習の基礎：データマイニング・推論・予測』共立出版）

James, G., D. Witten, T. Hastie and R. Tibshirani（2013）*An Introduction to Statistical Learning with Application in R*, Springer.

麻生英樹・津田宏治・村田昇（2003）『パターン認識と学習の統計学：新しい概念と手法（統計科学のフロンティア6）』岩波書店

竹内一郎・烏山昌幸（2015）『サポートベクトルマシン（機械学習プロフェッショナルシリーズ）』講談社

ビショップ、C. M.（2007, 2008）『パターン認識と機械学習（上・下）』元田浩・栗田多喜夫・樋口知之・松本裕治・村田昇訳、シュプリンガー

第6章 データの次元圧縮と高次元回帰

本章では、ビッグデータの特徴である、高次元データの次元を圧縮して分析する手法を学びます。統計学では多変量解析の手法として知られる①主成分分析と因子分析、次元圧縮による回帰として②主成分回帰とPLS（Partial Least Squares）回帰、そして高次元データの回帰分析として機能する③ LASSO（Least Absolute Shrinkage and Selection Operator）回帰を扱います。その際、関連性の高いリッジ回帰についても説明します。最後に、ビッグデータの回帰分析における変数選択問題について、伝統的な統計学と機械学習とを比較し、その違いを考えます。

6.1 主成分分析と因子分析

6.1.1 主成分の考え方

p 変数の多変量データ $\{X_{1i}, X_{2i}, ..., X_{pi}, i = 1, ..., n\}$ に対して、これを p より小さい次元（変数）に縮小する問題を考えます。まず、多変量データは平均からの偏差 $X_{ki} = X_{ki}^* - \bar{X}_k$ で測られているものとします（X_{ki}^* は元データ）。いま、$p = 2$ の場合を考え、2変数 X_1, X_2 はそれぞれ平均ゼロを持ち、図6.1のように相互に関連があり右上がりの傾向を持っているとします。そのとき、Z_1 軸を新たに考えると、この軸方向でデータは大きく散らばっています。さらに、これと直交する Z_2 軸上で見ると、データの変動は小さいことがわかります。

6.1 主成分分析と因子分析

図6.1 主成分

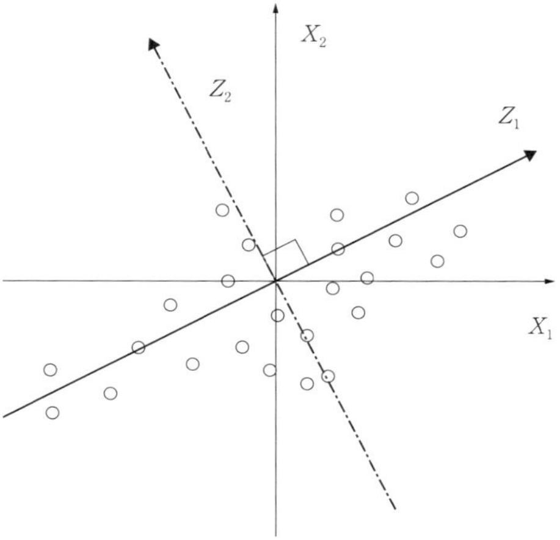

つまり、$Z_1 \perp Z_2$ かつ $Var(Z_1) \geq Var(Z_2)$ の関係です。このとき、データの変動は Z_1 軸の 1 次元で多くが説明されるため、2 次元が 1 次元に縮小されたと解釈します。

一般に、平均ゼロを持つ確率変数ベクトル $\boldsymbol{X} = (X_1, X_2, ..., X_p)'$ の各次元の軸の線形変換（回転）によりできる p 個の新たな軸で定義される r 番目の軸は

$$Z_r = \theta_{1r}X_1 + \theta_{2r}X_2 + \cdots + \theta_{pr}X_p = \boldsymbol{\theta}_r'\boldsymbol{X} \tag{6.1}$$

で定義できます。ここで、$Var(Z_r) = E(Z_r^2) = E(\boldsymbol{\theta}_r'\boldsymbol{X}\boldsymbol{X}'\boldsymbol{\theta}_r) = \boldsymbol{\theta}_r'E(\boldsymbol{X}\boldsymbol{X}')\boldsymbol{\theta}_r$、$Var(Z_1) \geq Var(Z_2) \geq \cdots \geq Var(Z_p)$ かつ $Z_r \perp Z_s$ $(r \neq s)$ です。また Z_r は**第 r 主成分**（Principal Component）、係数ベクトルである $\boldsymbol{\theta}_r = (\theta_{1r}, \theta_{2r}, ..., \theta_{pr})'$ は**主成分（負荷）ベクトル**、Z_r のデータ $Z_{ri} = \theta_{1r}X_{1i} + \theta_{2r}X_{2i} + \cdots + \theta_{pr}X_{pi}$ は**第 r 主成分スコア**と呼ばれます。

6.1.2 主成分の抽出

(6.1)式の主成分は X の合成変数であり、直接観測できないある種の潜在変数です。これは係数ベクトルとの関係で尺度不変ではありません。つまり、(6.1)式の両辺に定数 c を掛けても関係は保存され、$(Z_r, \boldsymbol{\theta}_r)$ の関係と $(cZ_r, c\boldsymbol{\theta}_r)$

の関係が識別できません。そこで、係数ベクトル $\boldsymbol{\theta}_r$ の長さを1（$\|\boldsymbol{\theta}_r\| = \sqrt{\boldsymbol{\theta}_r'\boldsymbol{\theta}_r} = \sqrt{\theta_{1r}^2 + \theta_{2r}^2 + \cdots \theta_{pr}^2} = 1$）に基準化することで識別性を担保します。

また、$Var(Z_r) = \boldsymbol{\theta}_r' E(\boldsymbol{XX}')\boldsymbol{\theta}_r$ における $E(\boldsymbol{XX}')$ は、$\boldsymbol{X}$ の平均がゼロベクトルであることから分散共分散行列です。ただし未知なので、観測値 $\boldsymbol{X}_i$ を用いて標本分散共分散行列 $\boldsymbol{S} = \frac{1}{n-1}\sum_{i=1}^{n}\boldsymbol{X}_i\boldsymbol{X}_i'$ で置き換えます。以上から、任意の主成分およびその主成分ベクトルの決定は、次の制約付き最大化問題で定式化されます。

$$\max_{\boldsymbol{\theta}} \widehat{Var(Z)} = \boldsymbol{\theta}'\boldsymbol{S\theta}$$
$$\text{s.t. } \boldsymbol{\theta}'\boldsymbol{\theta} = 1 \tag{6.2}$$

つまり係数ベクトルの長さが1となる制約 $\boldsymbol{\theta}'\boldsymbol{\theta} = 1$ の下で、$\boldsymbol{X}$ の標本分散共分散行列に関する2次形式 $\boldsymbol{\theta}'\boldsymbol{S\theta}$ を最大化する問題です。このときラグランジュ乗数を λ として、$\Phi = \boldsymbol{\theta}'\boldsymbol{S\theta} - \lambda(\boldsymbol{\theta}'\boldsymbol{\theta} - 1)$ の最大化問題となり、その必要条件から次が得られます。

$$\frac{\partial \Phi}{\partial \boldsymbol{\theta}} = 2\boldsymbol{S\theta} - 2\lambda\boldsymbol{\theta} = 0 \tag{6.3}$$
$$\boldsymbol{S\theta} = \lambda\boldsymbol{\theta} \tag{6.4}$$

(6.4)式は、主成分ベクトル $\boldsymbol{\theta}$ が行列 $\boldsymbol{S}$ の固有値 λ に付随する固有ベクトルであることを意味します。いま、$\boldsymbol{S}$ は標本分散共分散行列であることから対称な p 次元の正値定符号行列であり、その固有値は正で $\lambda_1 \geq \lambda_2 \geq \cdots \geq \lambda_p \geq 0$、それに付随する固有ベクトルは互いに直交、すなわち、$\boldsymbol{\theta}_r'\boldsymbol{\theta}_s = 0$ であることがテキストレベルで知られています（以上は、本書巻末の補論B「行列および分散共分散行列の性質」を参照してください）。したがって、$\boldsymbol{X}$ の第 r 主成分 Z_r は、固有値 λ_r および固有ベクトル $\boldsymbol{\theta}_r$ で決まることがわかります。また、主成分の分散は $Var(Z_r) = \lambda_r$ で与えられます。したがって、第1主成分 Z_1 は、$\boldsymbol{S}$ の最大固有値 λ_1 に付随する固有ベクトル $\boldsymbol{\theta}_1$ を主成分ベクトルとして

$$Z_1 = \boldsymbol{\theta}_1'\boldsymbol{X} \tag{6.5}$$

で構成されます。次に第2主成分は、2番目に大きい固有値に付随する固有ベクトル $\boldsymbol{\theta}_2$ を主成分ベクトルに持つ $Z_2 = \boldsymbol{\theta}_2'\boldsymbol{X}$ であり、2つの固有ベクトルは

互いに直交して $\boldsymbol{\theta}_1'\boldsymbol{\theta}_2 = 0$ であり、$Cov(Z_1, Z_2) = E(\boldsymbol{\theta}_1'\boldsymbol{XX'\theta}_2) = \boldsymbol{\theta}_1'E(\boldsymbol{XX'})\boldsymbol{\theta}_2$
$= \boldsymbol{\theta}_1'\boldsymbol{S}\boldsymbol{\theta}_2 = \boldsymbol{\theta}_1'\lambda_2\boldsymbol{\theta}_2 = \lambda_2\boldsymbol{\theta}_1'\boldsymbol{\theta}_2 = 0$ となることから、直交条件 $Z_r \perp Z_s$ を満たしていることがわかります。すなわち、固有値の大きさの順序によって、対応する固有ベクトルを主成分ベクトル $\boldsymbol{\theta}_1, \boldsymbol{\theta}_2, ...$ として主成分 $Z_1, Z_2, ...$ を抽出すればよいことがわかります。

主成分の寄与度

X を互いに直交する Z に変換しましたが、次元縮小の目的のためには、もともとの次元 p よりも小さい q 個の主成分 $Z_1, ..., Z_q$ を用いて縮約する必要があります。その場合の X の全変動のうち何パーセントが q 個の主成分で説明されたのかを表す指標として、次の**寄与度**があります。

$$\frac{\sum_{r=1}^{q} Var(Z_r)}{\sum_{k=1}^{p} Var(X_k)} = \frac{\sum_{r=1}^{q} \lambda_r}{\sum_{k=1}^{p} \lambda_k} \qquad (6.6)$$

これは原理的に非負で1を超えない値をとります。

6.1.3 因子モデル

因子モデルは形式上、主成分分析とよく似た構造を持っています。主成分分析では、変数 X を相関のない主成分変数 Z で置き換えるものでしたが、もとの次元 p より小さい次元 q 個の主成分ではすべてを説明できないことが寄与度からもわかりました。互いに相関がある変数には余分な次元があり、この分を次元削減の要因として独立な低次元の主成分で近似するのが主成分分析でした。その際、X を $Z_1, ..., Z_q$ で表す近似の誤差を両者の関係として表現していません。

それに対して因子分析は、p 次元の変数がそれより低い q 次元の因子（主成分）で説明されない部分を明示的に誤差項として入れた確率モデルを構成します。つまり、主成分 $Z_1, ..., Z_q$ に対応するものとして因子 $F_1, ..., F_q$ を想定し、

$$\begin{aligned}
X_1 &= a_{11}F_1 + a_{12}F_2 + \cdots + a_{1q}F_q + \varepsilon_1 \\
X_2 &= a_{21}F_1 + a_{22}F_2 + \cdots + a_{2q}F_q + \varepsilon_2 \\
&\vdots \qquad\qquad \vdots \qquad\qquad \vdots \qquad \vdots \\
X_p &= a_{p1}F_1 + a_{p2}F_2 + \cdots + a_{pq}F_q + \varepsilon_p
\end{aligned} \tag{6.7}$$

と表されるとするのが**因子モデル**です。ここで $F_1, ..., F_q$ は**共通因子**、a_{kr} は**因子負荷量**、ε_k は変数 X_k の**独自因子**と呼ばれ、回帰モデルの誤差項に対応し、説明変数の共通因子 $F_i, i = 1, ..., q$ とは無相関、すなわち $Cov(F_i, \varepsilon_k) = 0$ と仮定します。

因子モデルはもともと教育や心理学の分野で、学校のテストの結果から潜在的な能力や知能を測る分析で開発されました。例えば、中学の5教科（国語、英語、社会、数学、理科）の試験の点数の間で、（国語、英語、社会）間の相関、（数学、理科）間の相関がみられ、かつ、これら2グループの間には相関はあまりないことから、因子として文系因子 F_1、理系因子 F_2 の2因子を仮定し、各科目間の因子の関係の強さを因子負荷量でみることが行われてきました。詳細や応用については、森棟他『統計学』の第13章を参照してください。

(6.7)式は行列表記では、

$$\underset{p\times 1}{\boldsymbol{X}} = \underset{p\times q}{\boldsymbol{A}} \underset{q\times 1}{\boldsymbol{F}} + \underset{p\times 1}{\boldsymbol{\varepsilon}} \tag{6.8}$$

となり、$\boldsymbol{F}$ を確率変数とすると $\boldsymbol{X}$ の分散共分散行列 Σ は次のようになります。

$$\Sigma = Var(\boldsymbol{X}) = E(\boldsymbol{AF}+\boldsymbol{\varepsilon})(\boldsymbol{AF}+\boldsymbol{\varepsilon})' = \boldsymbol{A}E(\boldsymbol{FF}')\boldsymbol{A}' + E(\boldsymbol{\varepsilon\varepsilon}') \tag{6.9}$$

ここで $E(\boldsymbol{FF}')$ は主成分の正規直交行列に対応して単位行列、$E(\boldsymbol{\varepsilon\varepsilon}')$ は回帰分析と同様に対角成分に分散 σ_i^2 を持つ $\boldsymbol{D} = diag(\sigma_1^2, ..., \sigma_p^2)$ を仮定します。

このとき、(6.9)式は次のように表されます。

$$\Sigma = \boldsymbol{AA}' + \boldsymbol{D} \tag{6.10}$$

このとき因子モデルの問題は、$\boldsymbol{X}$ の分散共分散行列 Σ の推定値である標本分散共分散行列 $\widehat{\Sigma} = \boldsymbol{S}$ を使って、$p \times q$ の因子負荷行列 $\boldsymbol{A}$ および独自因子の分散共分散行列 $\boldsymbol{D}$ を推定することです。さまざまな推定方法が提案されています

が、前述の主成分との関係では

$$\hat{\Sigma} = \sum_{r=1}^{p} \lambda_r \boldsymbol{\theta}_r \boldsymbol{\theta}_r' = (\sqrt{\lambda_1}\boldsymbol{\theta}_1, ..., \sqrt{\lambda_q}\boldsymbol{\theta}_q) \begin{pmatrix} \sqrt{\lambda_1}\boldsymbol{\theta}_1' \\ \vdots \\ \sqrt{\lambda_q}\boldsymbol{\theta}_q' \end{pmatrix} + \sum_{r=q+1}^{p} \lambda_r \boldsymbol{\theta}_r \boldsymbol{\theta}_r' \tag{6.11}$$

の関係を利用し、最初の q 個の大きい固有値の部分で $\hat{A} = (\sqrt{\lambda_1}\boldsymbol{\theta}_1, ..., \sqrt{\lambda_q}\boldsymbol{\theta}_q)$ として因子負荷行列を推定し、D は残りの固有値に関する部分 $\sum_{r=q+1}^{p} \lambda_r \boldsymbol{\theta}_r \boldsymbol{\theta}_r'$ の対角成分で推定することができます。これは**主因子法**と呼ばれています。

また、よく使われる別の推定法が**最尤法**です。これはデータの分布を正規分布と仮定し、平均ゼロベクトル、分散共分散行列が(6.10)式である X の同時確率密度関数

$$p(X|\Sigma = AA' + D) \propto |AA' + D|^{-\frac{1}{2}} \exp\left\{-\frac{1}{2} X'(AA' + D)^{-1} X\right\} \tag{6.12}$$

を定義し、これを因子モデルのパラメータ A および D に関する尤度関数 $L(A, D|X)$ として、これを最大にする値

$$\max_{A, D} L(A, D|X) \tag{6.13}$$

$\hat{A}, \hat{D}$ を探します。因子モデルでは、(6.8)式における F を**因子スコア**と呼び、各因子の個体の重要度を表します。これは、X を目的変数、推定値 $\hat{A}$ を説明変数とした回帰モデルの回帰係数として、最小二乗推定値 $F = (\hat{A}'\hat{A})^{-1}\hat{A}'X$ で推定できます（巻末の補論C「回帰分析の基礎」を参照してください）。

6.1.4　Rによる分析例：大学の評価

主成分分析

第3章でも使用したさまざまなデータを取り出せるRパッケージ"Ecdat"を利用し、イギリスの大学の現況データ"university.csv"を用いてRで分析してみましょう。分析では、イギリスの62大学に関する以下の17変数のデータを使います。undstudents（学部生数）、poststudents（卒業生数）、nassets（純資産）、acnumbers（教員数）、acrelnum（準研究者：academic related numbers）、

図6.2 主成分分析

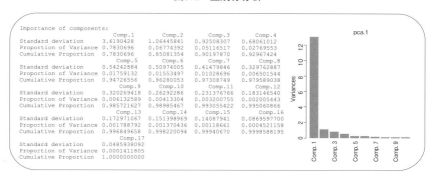

clernum（事務職員数）、compop（コンピュータ技術職員数）、techn（技術者数）、stfees（学生授業料）、acpay（教員給与）、acrelpay（準教員給与）、secrpay（事務職員給与）、admpay（管理職給与）、agresrk（aggregate research rank）、furneq（furniture and equipment）、landbuild（土地不動産）、resgr（研究費）。

　主成分分析と因子分析はさまざまなパッケージで実行できますが、提供するRのコードでは、デフォルトで利用できる pricomp, factanal コマンドをそれぞれ利用します。因子分析では最尤法が使われ、主因子法は利用できません。これには別のパッケージ "psych" を利用する必要があります。

　Rのコードでは、まず、①結果の可視化に必要なパッケージをインストールします。続いて、②データの読み込みと標準化を行います。さらに、③主成分分析の実行と出力、④因子分析の実行と出力のコマンドが続きます。

　図6.2は、主成分分析の計算結果の出力であり、第1主成分（Comp.1）から第17主成分（Comp.17）までのそれぞれの分散の平方根をとった標準偏差（standard deviation）、分散の割合（proportion of variance）、累積割合（cumulative proportion）を表しています。なお、累積割合は、(6.6)式の寄与度と同じです。第1主成分の分散は 3.619^2 であり、全体の変動の78.3%（0.783）を占めることがわかります。以下、主成分の分散を可視化したグラフが図6.2の右の図です。

　図6.3は、第2主成分までをとって、各データの主成分 (Z_1, Z_2) と主成分ベクトルを同時に図に表したもので、**バイプロット**と呼ばれます。これによると、数字で表されている各データの位置と、矢印で表される主成分ベクトルの間の

図6.3 主成分分析のバイプロット

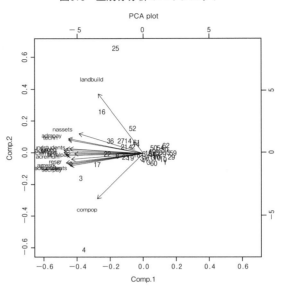

関係が読み取れます。例えば、データ3および4の大学は、compop方向に近く布置しており、コンピュータ環境に強い大学、さらに16, 25, 52の大学はlandbuild方向に沿っており、キャンパス環境に強い大学とそれぞれ解釈できます。また多くの大学は原点の近くに布置しており、2つの主成分では差が出ないものと理解できます。

因子分析

図6.4は因子分析の計算結果です。左上段の表は独自分散（uniquenesses）$\boldsymbol{D} = diag(\sigma_1^2, ..., \sigma_p^2)$ の推定値を表しており、とりわけlandbuild（土地不動産）およびnassets（純資産）値が0.005と最小であり、3つの因子で最もよく説明されていると言えます。それに対して、acrelpay（準教員給与）は0.300と最も大きく、十分説明されていない変数と言えます。

また図6.4左中段にある表は、因子負荷行列（loadings）$\boldsymbol{A}$ の推定値であり、出力では0.1以下のものは空欄とされています。図6.4の右の図は、因子負荷行列の大きさを可視化したヒートマップで、濃い色が大きい値を、薄い色が小さ

図6.4 因子分析(3因子)の計算結果

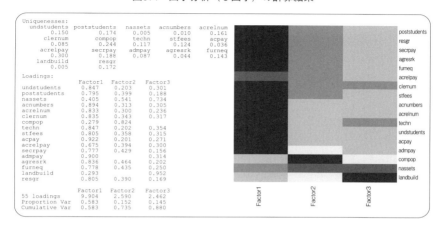

い負荷量を表しており、因子の解釈を容易にします。因子1 (Factor1) の列は全般的に濃く「総合因子」、因子2は compop(コンピュータ技術者数)、因子3は landbuild(土地不動産)が濃く、それぞれ「コンピュータ環境因子」、「施設因子」とでも言えるでしょう。図6.4左下段の表は3つの因子の分散(proportional var)と累積分散(cumulative var)を示しており、3因子で88%(0.880)が説明されていることを表しています。

6.2 主成分による回帰

6.2.1 主成分回帰

目的変数 Y と説明変数 X の回帰分析では、説明変数間の相関が高いため多重共線性が生じ、回帰係数の推定に問題が起こる場合が多くあります。そのときよく使われるのが、これまで説明してきた主成分を利用した**主成分回帰**です。これは互いに相関の高い説明変数から主成分を抽出し、それを説明変数とするものです。手続きとしては、まず、①p 次元の説明変数 $X_1, ..., X_p$ から q 次元の主成分 $Z_1, ..., Z_q$ を抽出する、②$Z_1, ..., Z_q$ を説明変数とした回帰モデル

を推定するものです。このとき、各主成分 Z_s は X を用いて (6.1) 式と書けるので、元来の回帰モデル表現と対応させることができます。すなわち、(6.14)式に (6.1) 式を代入して次が得られます。

$$Y = \beta_1 X_1 + \beta_2 X_2 + \cdots + \beta_p X_p + \varepsilon \tag{6.15}$$

ここで、回帰係数 β_k は主成分回帰の係数 α_r および X の主成分係数 θ_{kr} の関数

$$\beta_k = \alpha_1 \theta_{k1} + \alpha_2 \theta_{k2} + \cdots + \alpha_q \theta_{kq} \tag{6.16}$$

となります。したがって (6.15) 式は (6.16) 式の制約を持つ係数の回帰モデルであり、(6.15) 式は直接推定ができなくても、説明変数空間の次元縮小により適切に制約を付ければ推定できることを意味しています。6.3 節で紹介する、パラメータに適当な制約を付けることで問題を回避して推定を行う縮約推定の一種と考えることもできます。

6.2.2 PLS 回帰

次は、主成分を抽出する際に説明変数 X だけでなく、目的変数 Y との関係性も考慮する **PLS**（Partial Least Squares）回帰をみてみましょう。いくつかの推定アルゴリズムが提案されていますが、ここでは最も代表的な Wold (1975) による NIPALS（Non-linear Iterative PArtial Least Squares）と呼ばれる推定法を説明します。このアルゴリズムは、パラメータが線形単回帰の回帰係数を繰り返し計算することによって推定値が得られるもので、それが PLS（部分最小二乗法）の名前の由来となっています。

まず X を、これより低い次元の主成分 Z に縮約することは同じですが、目的変数 Y との関係を持つ Z を構築するのがおもな違いです。推定は次のステップに従います。

(i) $X_k, k = 1, ..., p$ をそれぞれ平均 0、分散 1 に標準化する。
(ii) 初期値を $\widehat{Y}^{(0)} = \bar{Y}, \{X_j^{(0)} = X_j, j = 1, ..., p\}$ と置く。

(iii) $m = 1, ..., p$ に対して、

(iii-1) $\tilde{\lambda}_{mj}$ を Y の説明変数 $X_j^{(m-1)}$ への回帰係数とし、$Z_m = \tilde{\lambda}_{m1} X_1^{(m-1)} + \tilde{\lambda}_{m2} X_2^{(m-1)} + \cdots + \tilde{\lambda}_{mp} X_p^{(m-1)}$ を計算する。

(iii-2) $\hat{\phi}_m$ を Y の説明変数 Z_m への回帰係数とし、$\widehat{Y}^{(m)} = \widehat{Y}^{(m-1)} + \hat{\phi}_m Z_m$ とする。

(iii-3) $X_j^{(m-1)}$ を Z_m へ回帰させて残差 $X_j^{(m)} = X_j^{(m-1)} - \omega_{jm} Z_m$ をとり、直交化する。

(iv) Y を $Z_1, ..., Z_M$ へ回帰させる。

6.2.3 Rによる分析例：パソコン価格の要因分析

Rパッケージ"Ecdat"にあるデータセット"com.csv"を利用します。これは200種類のパソコンの価格（price）と8つの属性（speed, hd, ram, screen, cd, premium, ads, trend）のデータで、価格を属性で説明するモデル（経済学ではヘドニックプライスと呼ばれます）を推定しましょう。

提供するRのコードでは、①ライブラリの読み込み、②データの読み込みと標準化、③推定の実行と出力、を順次行います。

主成分の個数は $q = 4$ として分析してみます。主成分回帰の結果として、(6.14)式の係数推定値 $\hat{\alpha}_r$, $r = 1, ..., 4$ は以下のように計算されます。

主成分回帰係数
    [1] 0.23508482 0.60982941 -0.07482888 0.05055138
PLS 回帰係数
    [1] 0.6714311 0.2306353 0.1027897 0.0568338

さらに、(6.15)式のもともとの変数 X および Y の間の回帰係数 $\hat{\beta}_k$, $k = 1, ..., 8$ が(6.16)式の関係を使って計算でき、図6.5の左側に出力されています。PLS回帰についても同様の議論が可能であり、図6.5の右側に推定結果が出ています。

まず、各説明変数 X_k は平均0、分散1に標準化されているため、回帰係数の大きさは、目的変数を説明する上での重要度を表します。最大の重要度を持つ説明変数は両者共通に hd（主成分回帰では0.272、PLS回帰では0.709）であり、

6.2 主成分による回帰

図6.5 X, Y の回帰係数推定値（主成分回帰、PLS 回帰）

```
           [,1]                        [,1]
speed    0.177009635     speed    0.312562110
hd       0.271926290     hd       0.709307726
ram      0.220169648     ram      0.041856227
screen   0.070452475     screen   0.112680471
cd       0.045594456     cd      -0.009544531
premium  0.062379111     premium -0.018011337
ads     -0.006375441     ads      0.016398363
trend    0.003665087     trend   -0.136235188
```

図6.6 モデルの適合度

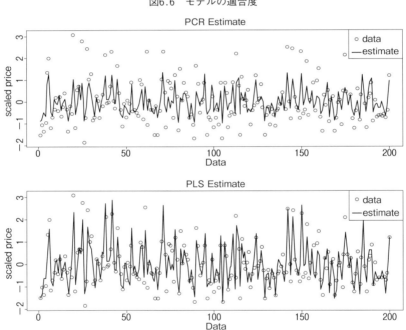

その次に大きな効果を持つ説明変数は主成分回帰では ram（0.220）、PLS 回帰では speed（0.313）であることがわかります。

図6.6では、各モデルの適合度を Y の推定値と実績値のプロットにより確認しています。下段の図にある PLS 回帰のほうが、上段の主成分回帰の結果より実績値の動きをよく捉えていることがわかります。これは Y との関係性に

おいて X の主成分を抽出しているためであり、もっともな結果と言えます。経済の分析では主成分回帰を使った分析が多くみられますが、PLS 回帰がもっと使われてよいと思います。

6.3 LASSO：高次元回帰

6.3.1 np 問題と予測誤差

計量経済学で学ぶ、次の回帰モデルを考えます。

$$Y_i = \beta_0 + \beta_1 X_{1i} + \cdots + \beta_p X_{pi} + \varepsilon_i = g(\boldsymbol{X}_i|\boldsymbol{\beta}) + \varepsilon_i, \quad i = 1, ..., n \tag{6.17}$$

ここで、ε_i は正規分布 $N(0, \sigma^2)$ に従うとします。このとき、回帰係数 β_k を推定する最小二乗法は、次の残差平方和を最小にする推定法です（巻末の補論 C「回帰分析の基礎」を参照してください）。

$$\min \sum_{i=1}^{n} e_i^2 = \min \sum_{i=1}^{n} (Y_i - \hat{\beta}_0 - \hat{\beta}_1 X_{1i} - \cdots - \hat{\beta}_p X_{pi})^2 \tag{6.18}$$

このとき、説明変数の数 p はデータの数 n よりも小さいこと、すなわち $n > p$ が前提でした。さもないと、分散推定値 $\hat{\sigma}^2 = \sum_{i=1}^{n} \frac{e_i^2}{n-p-1}$ は定義されなくなります。別の言い方をすれば、2 つのデータに単回帰 $Y = \beta_0 + \beta_1 X + \varepsilon$ を当てはめることを想像すれば、2 つのデータポイントを通過する回帰直線は $n = p$ の場合であり、①誤差なしに推定できてしまう（図6.7左）、また 1 つのデータに当てはめるのは $n < p$ の場合であり、②推定値が一意的に決まらない（図6.7右）、さらに、次に説明するように、③**過学習**（オーバーフィッティング）となる現象が起きてしまいます。

一般にビッグデータの分析では、説明変数の数 p がデータの数 n より多く、$n < p$ の下で β_k を推定する必要があります。これは np 問題と呼ばれます。

予測の誤差

いま、将来の値に対するモデル（予測モデル）を次のように定義しましょう。

6.3 LASSO：高次元回帰

図6.7 *np* 問題

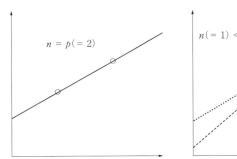
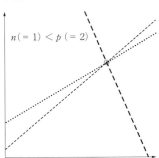

$$Y_f = g(\boldsymbol{X}_f|\boldsymbol{\beta}) + \varepsilon_f \tag{6.19}$$

ここで、$Y_f, \boldsymbol{X}_f$ はそれぞれ、将来の目的変数、説明変数の値を意味し、ε_f は将来の誤差項とします。まず、テスト MSE（Mean Squared Error：平均二乗誤差）は、将来の Y_f とモデルによる予測値 $\hat{g}(\boldsymbol{X}_f) \equiv g(\boldsymbol{X}_f|\hat{\boldsymbol{\beta}})$ の差で定義される誤差の二乗の期待値で定義され、次のように展開することができます。

$$\begin{aligned}
E[Y_f - \hat{g}(\boldsymbol{X}_f)]^2 &= E[g(\boldsymbol{X}_f) - E(\hat{g}(\boldsymbol{X}_f)) + E(\hat{g}(\boldsymbol{X}_f)) - \hat{g}(\boldsymbol{X}_f) + \varepsilon_f]^2 \\
&= E[\hat{g}(\boldsymbol{X}_f) - E(\hat{g}(\boldsymbol{X}_f))]^2 + [g(\boldsymbol{X}_f) - E(\hat{g}(\boldsymbol{X}_f))]^2 + E[\varepsilon_f]^2 \\
&= Var(\hat{g}(\boldsymbol{X}_f)) + [バイアス]^2 + Var(\varepsilon_f)
\end{aligned} \tag{6.20}$$

ここで、右辺第 1 項の分散は、推定に使う訓練データを入れ替えたときの推定値の標本変動を表し、いわば統計的揺らぎを意味します。第 2 項のバイアス $g(\boldsymbol{X}_f) - E(\hat{g}(\boldsymbol{X}_f))$ は、Y_f をモデル $g(\boldsymbol{X}_f|\boldsymbol{\beta})$ で近似することによる誤差と解釈します。つまり、関数近似の誤差です。線形モデルは一般のモデルの一次近似であることを考えれば、バイアスの大きいモデルである可能性があります。他方、二次近似の2乗項を含む多項式回帰モデルは、線形モデルを含むのでこのバイアスは小さくなりますが、分散が大きくなります。すなわち、訓練データが変わるとモデル推定値は大きく変わります。データを少し追加したり、もしくは減らしたりしただけでも、非線形モデルの推定値が大きく変わったという経験を持つ人もいると思いますが、それはこれが理由です。一般に"柔軟性の高い

モデル"は、バイアスは小さくなりますが分散は大きくなります。このように、予測をする場合に、**分散とバイアスのトレードオフ**が存在し、これらをうまくバランスさせて予測モデルを構築する必要があります。

　線形モデルの場合でも、係数が自由に動かないように、つまり柔軟性を奪うように係数に制約をかけ、バイアスの増加は犠牲にしながらも、分散を小さくする方法が提案されています。それらは**リッジ回帰**（Ridge Regression）と、Tibshirani（1996）により提案された高次元回帰の **LASSO**（Least Absolute Srinkage and Selection Operator）です。両者は由来は異なりますが、形式上は類似した関係があります。後述するベイズ推定の枠組みでは、パラメータに対する事前分布の設定の違いとも言えます。

6.3.2　縮約推定：リッジ回帰

　リッジ回帰推定量は、次の目的関数を最小にするものです。

$$\min\left\{\sum_{i=1}^{n}(Y_i-\beta_0-\beta_1 X_{1i}-\cdots-\beta_p X_{pi})^2+\lambda\sum_{k=1}^{p}\beta_k^2\right\} \tag{6.21}$$

ここで、カッコ内の第2項は $\sum_{k=1}^{p}\beta_k^2 \leq t$ というパラメータへの制約を表しており、正則化項とも呼ばれます。これは回帰係数の二乗和が $t(>0)$ より小さいことを意味する制約です。λ と t は一対一の対応関係があります。

　最適化の解は、最小二乗推定量と同様に、解析的に求まります。すなわち、(6.21)式を巻末の補論C「回帰分析の基礎」の(C.2)式に従ってベクトル表記し、

$$\min\{z=(\boldsymbol{Y}-\boldsymbol{X\beta})'(\boldsymbol{Y}-\boldsymbol{X\beta})+\lambda\boldsymbol{\beta}'\boldsymbol{\beta}\} \tag{6.22}$$

とします。このとき、$\boldsymbol{\beta}$ に関する最小化の必要条件は、補論Cの(C.7)式に対応して、

$$\frac{\partial z}{\partial \boldsymbol{\beta}} = -2\boldsymbol{X}'\boldsymbol{y}+2\boldsymbol{X}'\boldsymbol{X\beta}+2\lambda\boldsymbol{\beta} = \boldsymbol{0} \tag{6.23}$$

となり、これを解いて、次のように求まります。

$$\widehat{\boldsymbol{\beta}}^r = (\boldsymbol{X}'\boldsymbol{X}+\lambda\boldsymbol{I})^{-1}\boldsymbol{X}'\boldsymbol{Y} \tag{6.24}$$

(ただし、回帰の誤差項の分散 σ^2 を考慮する場合には、$\hat{\boldsymbol{\beta}}^r = (\boldsymbol{XX} + (\lambda/\sigma^2)\boldsymbol{I})^{-1}\boldsymbol{XY}$ となります。) ここで $\lambda > 0$ です。また、説明変数が互いに直交している場合、すなわち、$\boldsymbol{X}$ が直交行列の場合、

$$\hat{\boldsymbol{\beta}}^r = \frac{1}{1+\lambda}\hat{\boldsymbol{\beta}} \tag{6.25}$$

となることが示されます。したがって、すべての係数推定値 $\hat{\beta}_k^r$ は最小二乗推定値より一様に小さくなる、すなわちゼロに縮小されていることがわかります。

6.3.3 LASSO

これに対して、一部の係数がゼロに強く縮約される LASSO 回帰が Tibshirani (1996) により提案されています。LASSO は下記を最小にするものです。

$$\min\left\{\sum_{i=1}^{n}(Y_i - \beta_0 - \beta_1 X_{1i} - \cdots - \beta_p X_{pi})^2 + \lambda \sum_{k=1}^{p}|\beta_k|\right\} \tag{6.26}$$

ここでカッコ内第 2 項の正則化項は、$\sum_{k=1}^{p}|\beta_k| \leq \lambda$ のパラメータ制約を意味します。LASSO 推定量は解析的表現が得られず、二次最適化問題を数値解析して解く必要があります。

図 6.8 には、LASSO とリッジ回帰のイメージ図が描かれています。等高線を持つ楕円は残差平方和（マイナス対数尤度）を表しています。中央の黒丸が最小値を意味し、制約がない場合の最尤推定値 $\hat{\boldsymbol{\beta}} = (\hat{\beta}_1, \hat{\beta}_2)$ を表しています。図 6.8 の右図では、パラメータの制約 $\beta_1^2 + \beta_2^2 \leq \lambda$ の領域が原点周りに描かれており、（マイナス）対数尤度と制約領域との接点が解となります。制約領域が円であるため、β_1, β_2 は軸以外のともにゼロでない領域で接する可能性が高くなります。他方、左図の正方形の領域 $|\beta_1| + |\beta_2| \leq \lambda$ との接点は正方形の角の軸上 $(0, \hat{\beta}_2)$ で接する可能性が高くなります。とくに、$p > 2$ のとき、非等方となって多くの頂点と平らな辺を持つようになり、頂点で等高線が接する、つまりパラメータがゼロとなる可能性が増加します。

パラメータ推定では解析的表現は求まらず、二次計画の数値的最適化を利用して求め、確率分布の議論をしないために推定値の精度評価はできない欠点があります。

図6.8 LASSO回帰とリッジ回帰

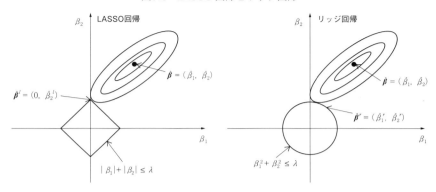

6.3.4 ベイズ推定との関係

リッジ回帰およびLASSOは、正則項をパラメータの事前分布とするベイズ推定の枠組みでとらえることができます。例えば、リッジ回帰の場合には、パラメータの事後分布は下記で与えられます。

$$p(\boldsymbol{\beta} \mid \boldsymbol{Y}, \boldsymbol{X}) \propto p(\boldsymbol{Y} \mid \boldsymbol{X}, \boldsymbol{\beta}) p(\boldsymbol{\beta})$$
$$\propto \exp\left(-\frac{1}{2\sigma^2}\sum_{i=1}^{n}(Y_i - \beta_0 - \beta_1 X_{1i} - \cdots - \beta_p X_{pi})^2\right) \exp\left(-\lambda^{*}\sum_{k=1}^{p}\beta_k^2\right) \quad (6.27)$$

ここで、$-\lambda^{*} = \lambda$、$p(\boldsymbol{Y} \mid \boldsymbol{X}, \boldsymbol{\beta})$は尤度関数で正規分布$N(\boldsymbol{X}\boldsymbol{\beta}, \sigma^2 \boldsymbol{I})$、また$p(\boldsymbol{\beta})$は事前分布で各回帰係数$\beta_k$がそれぞれ平均ゼロの正規分布$N(0, 1/2\lambda^{*})$に従うことを意味しています。つまり、事前情報としては、すべての回帰係数が平等にゼロ周りに分布している、すなわち、ゼロに縮約していることを意味します。事後分布は解析的に求まり、事後平均はリッジ推定量で与えられます。

同様にLASSOは、事前分布を独立な平均ゼロのラプラス分布 $p(\boldsymbol{\beta}) \propto \exp\left(-\lambda^{*}\sum_{k=1}^{p}|\beta_k|\right)$ としたものと解釈できます。この場合の事後分布は解析的に求まりません。マルコフ連鎖モンテカルロ法など乱数発生による積分評価によって分布評価は可能ですが、変数が多い高次元の状況では効率的なやり方とは言えません。

6.3 LASSO：高次元回帰

6.3.5　Rによる分析例：家賃の要因分析

　経済企画庁策定の「豊かさ指標：国民生活新指標」に関する調査データを利用し、家賃の決定要因を探る分析をしてみましょう。関西以北の30の都道府県のうち18県を訓練データ、12県をテストデータとします。Rent（家賃）を目的変数、次の22を説明変数とする回帰モデルを考えます。NonRep（危険住宅比率）、OverMin（最低居住）、HomeOwn（持家比率）、CompPol（公害苦情）、NumClime（重要犯罪）、NumLarc（重要窃盗）、TrafAcci（交通事故）、Fire（建物火災）、DspRubb（ごみ処理率）、Sidewalk（歩道設置率）、MedFacil（医療機関）、OverOrd（居住水準）、Sunshine（日照時間）、NumMa（畳数）、AreaResi（敷地面積）、Transpt（交通機関）、AreaPark（公園面積）、Sewarage（下水普及率）、Recycle（リサイクル率）、AmtRubb（ごみ排出量）、AvgMin（通勤通学時間）、Pavement（道路舗装率）。これは説明変数の数（$p=22$）方がデータ（$n=18$）より多い np 問題となります。

　Rのパッケージは、リッジ回帰および LASSO が分析できる "glmnet" を利用します。提供するRコードでは、①ライブラリの読み込み、②データの読み込みと変数の指定を行いますが、ここではチューニングパラメータである λ を決めるためのクロスバリデーションを行い、訓練データとテストデータの指定を行います。③モデルの当てはめを行い、④クロスバリデーションにより予測誤差が最小となるチューニングパラメータを決定します。最後に決められたパラメータの値で予測をします。

　図6.9にはテストデータの予測の平均二乗誤差の最小値およびそのときのチューニングパラメータの値がリッジ回帰（左）および LASSO 回帰（右）について出力されています。まず、平均二乗誤差（MSE）は、LASSO 回帰（102143.2）がリッジ回帰（273861.4）より小さい値をとっており、LASSO 回帰が予測力において優れていることがわかります。そのときのチューニングパラメータ λ の値が図の下側に記載されています。

　図6.10はリッジ回帰および LASSO 回帰の係数推定値の出力です。LASSO 回帰は数値の入っていない16個の係数がゼロと推定されています。ゼロでない係数をリッジ回帰の係数推定値と比べると、おおよそ比例的な動きをしています。

第6章 データの次元圧縮と高次元回帰

図6.9 チューニングパラメータの決定：リッジ回帰（左）および LASSO 回帰（右）

```
> min(rid.cv$cvm)         ### min mse       > min(las.cv$cvm)        ### min mse
[1] 273861.4                                [1] 102143.2
> rid.cv$lambda.min       ### min lambda    > las.cv$lambda.min      ### min lambda
[1] 7620.675                                [1] 61.81365
```

図6.10 リッジ回帰および LASSO 回帰の係数推定値

```
                   Ridge          LASSO
(Intercept)  2695.99039509   5555.971159
NonRep          1.05338082       .
OverMin        -7.54295020     -46.653734
HomeOwn        -2.88591329      -7.461625
CompPol         1.31699970       .
NumClime       11.56007902      71.398968
NumLarc         0.27772391       .
TrafAcci        0.01907407       .
Fire           -1.01547322       .
DspRubb         1.73697921       .
Sidewalk        5.31971300       .
MedFacil        1.87556300       3.362209
OverOrd        -2.59839803       .
Sunshine       -2.97182619       .
NumMat        -18.30460481       .
AreaResi       -0.25487488       .
TranSpt         3.98230093       3.201575
AreaPark       -6.04551828       .
Sewarage        1.66762457       7.569638
Recycle        -0.08510619       .
AmtRubb         0.01044179       .
AvgMin          3.62891656       .
Pavement        1.00748145       .
```

　図6.11では、横軸に $\log \lambda$、縦軸に回帰係数推定値をとった図が描かれています。なお、破線は、図6.9で示した最適な λ の対数値を表しています。リッジ回帰では $\log \lambda$ が大きくなるにつれてすべての係数が一様にゼロに縮約されている様子が見えます。これに対して LASSO 回帰では、最適な非ゼロの係数は6つに絞られています。

　図6.12では、モデルの適合度を予測値と実績値（実線）のグラフで評価しています。左の訓練データでは LASSO 回帰が実績値（実線）をより良く説明していますが、右のテストデータではリッジ回帰も同等に良いパフォーマンスを

6.3 LASSO：高次元回帰

図6.11 リッジ回帰およびLASSO回帰のチューニングパラメータと係数推定値

図6.12 リッジ回帰およびLASSO回帰の適合度

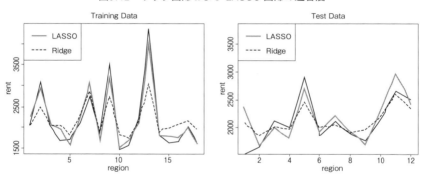

示しています。訓練データでの適合度が予測力を意味しない例と言えるでしょう。

6.3.6 クロスバリデーションとモデル選択基準

自由度修正済み決定係数 $\bar{R}^2$、AIC、BIC は、モデル選択基準としてさまざまな統計パッケージに組み込まれています。実際のデータ分析では、これらを基準にしてモデルや説明変数の選択を行うことが多いと思います。これらは、訓練データをひとつに固定したときに、前述の分散とバイアスのトレードオフをそれぞれ違った視点から調整して良い予測モデルを構築しようとするものです。

つまり、データや計算上の制限、あるいはそれらを節約する志向から、同じ問題に対して訓練データを複数確保しないでモデル選択を合理的に行おうとする科学的アプローチと言えます。

訓練データを入れ替えながら予測誤差を計算して統計的推測を行う方法は、統計学で古くからあり、クロスバリデーションまたは交差検証法として知られています。ただし、モデル選択手法として普及してきたとは言えません。簡便さの観点から使いにくいことや、モデル推定で使わないデータが生じることなどが抵抗要因だったのかもしれません。

統計学は、丁寧に計画し、コストをかけて収集した貴重なデータをフル活用することを使命（前提）とし、データで何が言えるか、どのように良い予測ができるかを追求してきたとも言えると思います。ビッグデータの時代には、無自覚・無計画的に集まるデータが豊富にあり、また計算環境も隔世の改善をみています。そのため、データの入替による複数のテストデータの確保や計算コストは問題とはならない状況が増えている時代でもあり、その意味で、モデル選択問題は新たな局面を迎えていると思います。

【参考文献】

Hastie, T., R. Tibshirani and J. Friedman（2009）*The Elements of Statistical Learning: Data Mining, Inference, and Prediction*, 2nd ed., Springer.（杉山将他訳（2014）『統計的学習の基礎：データマイニング・推論・予測』共立出版）

James, G., D. Witten, T. Hastie and R. Tibshirani（2013）*An Introduction to Statistical Learning with Application in R*, Springer.

Tibshirani, R.（1996）"Regression Shrinkage and Selection via LASSO," *Journal of Royal Statistical Society: Series B*, 58(1), pp.267–288.

Wold, H.（1975）"Path Models with Latent Variables: The NIPALS Approach," in H. M. Blalock, A. Aganbegian, F. M. Borodkin, R. Boudon and V. Capecchi（eds.）, *Quantitative Sociology: International Perspectives on Mathematical and Statistical Modeling*, pp.307–357, Academic Press.

チャン、A. C.・K. ウエインライト（2010）『現代経済学の数学基礎　第4版（上・下）』小田正雄・高森寛・森崎初男・森平爽一郎訳、シーエーピー出版

ビショップ、C. M.（2007, 2008）『パターン認識と機械学習（上・下）』元田浩・栗田多喜夫・樋口知之・松本裕治・村田昇訳、シュプリンガー

6.3 LASSO：高次元回帰

森棟公夫・照井伸彦・中川満・西埜晴久・黒住英司（2015）『統計学　改訂版（New Liberal Arts Selection)』有斐閣

第7章 テキスト解析と自然言語処理

本章では、ビッグデータの大きな部分を占めるものの、伝統的な統計学では有効に扱えないデータの分析法として、テキスト解析と自然言語処理について学びます。

7.1 テキスト情報の可視化

7.1.1 ワードクラウド

テキストを分析するには、まず文章を意味を持つ最小の語（形態素）に分解する形態素解析と呼ばれる前処理が必要です。すでに第3章で紹介したように、日本語テキストの場合は形態素解析のソフトウェアとして定評のあるMeCabがあります。まずこれを使って具体的にテキスト分析をしてみましょう。携帯電話iPhone 7およびGalaxy S7を紹介するYouTubeに書かれたコメントをそれぞれ549個、512個を抽出し、さらに形態素解析により名詞および形容詞のみを抽出し、語彙の出現頻度から見える特徴を可視化する方法を以下で紹介します。

提供するRのコードでは、まず、①各種パッケージのインストール、②データの読み込み（iphone7.csv, galaxy7.csv）、③MeCabによる形態素分析、④各種ワードクラウドの描画、と続きます。

図7.1の左の図は、iPhone 7のコメントで現れたさまざまな語彙の頻度を数

7.1 テキスト情報の可視化

図7.1 ワードクラウド：iPhone 7（左）と Galaxy S 7（右）

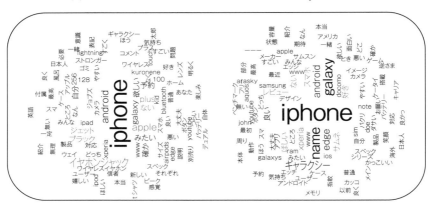

え、頻度の多い語彙ほど中央に大きく表示して特徴をつかみやすく可視化したもので、多くの語彙が雲のように沸いて見えることから**ワードクラウド**と呼ばれます。そこでは最高頻度の語彙"iPhone"が中央に大きいフォントで表現され、次に"イヤホンジャック"が無くなったことがコメントの関心であったことがわかります。またメーカー"Apple"、ライバル"Android"および iPhone 7 の上位機種"Plus"も頻出しています。続いて、"ジェット・ブラック"という色の語彙も多く話題として上っています。

図7.1の右の図には、別の携帯電話 Galaxy S 7 のコメントの結果です。そこでは iPhone が中心で大きく表れています。先行した iPhone を意識したコメントが多いことがわかります。また "Galaxy"、"ギャラクシー"が英語・日本語の2通りで使われているために iPhone より頻度が少なくなっている可能性もあります。"Android"および上位機種"edge"が現れ、ライバル機種"Xperia"が続いて頻出する語彙であることが見てとれます。

7.1.2 複数クラウド

次に、iPhone および Galaxy 全体の文書をまとめ、2つの文書で特徴的に現れる語彙の頻度を可視化してみましょう。$p_{i|d}$ で文章 d に語彙 i が現れる確率、$p_{i|\cdot}$ で語彙 i が全体で現れる確率としたとき、これらの差 $\max(p_{i|d} - p_{i|\cdot}, 0)$ が

第 7 章 テキスト解析と自然言語処理

図7.2 比較クラウドと類似クラウド

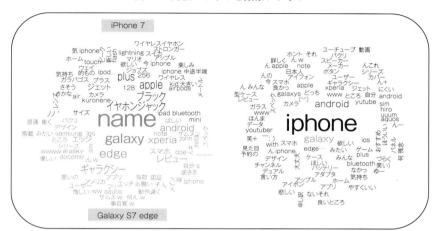

大きい語彙の順番で各クラスにプロットしたのが図7.2の左の図で、比較の目的のためのいわば**比較クラウド**です。2つの文書で差があるもの、各文書の特徴となる語彙の頻出確率の大きいものの順にクラウドに表現されます。上部には iPhone 7、下部には Galaxy S 7 の文書の特徴となる単語がそれぞれ表示されます。上部の iPhone 7 では"イヤホンジャック"、"ブラック"が特徴的に使われているもので、他方、Galaxy S 7 は、"galaxy"、"ギャラクシー"の製品名および"レビュー"が頻出しています。中央の"name"はやや不規則な結果です。name は Galaxy へのコメントをした人のハンドルネームであり、この人へのコメントに対する反応が多く表れ、そのコメントの中に名前を引用してコメントが多かったことを表し、いわばこの人の影響力の大きさが出た結果とみることができます。

図7.2の右の図は、2つのグループ間で共通して出現する語彙をグループ間で出現頻度の差が小さい順にワードクラウドで表示するもので、いわば**類似クラウド**です。"iPhone"と"Android"、"Galaxy"が大きいことから、2つがライバルとして互いのコミュニティで議論されていることがわかります。

117

表7.1 単語の共起行列

X

	A	B	C	D	E
文書1	2	2	0	0	0
文書2	3	0	2	0	0
文書3	0	0	0	3	2
文書4	0	0	0	2	1

7.2 自然言語処理と潜在的意味解析

7.2.1 単語の共起行列の特異値分解

表7.1の行列は、文書1から文書4における5種類の単語A〜Eの出現頻度を表しており、1つの文書に単語が同時に出現する情報を持つことから、共起行列と呼ばれます。この単語の共起情報を用いて、背後にある潜在的意味を抽出しようとするのが、現代のテキスト解析の中心である**潜在的意味（トピック）解析**の考え方です。

いま、一般に大きさ $N \times p$ の行列 X の特異値分解は、次のように与えられます。

$$X = UDV' \tag{7.1}$$

ここで U および V はそれぞれ $N \times p$、$p \times p$ の互いに直交する列ベクトルからなる行列であり、D は p 次元の対角行列で、成分が $d_1 \geq d_2 \geq \cdots \geq d_p$ で、ベクトル成分表記で次のように表されます。

$$X = UDV' = [u_1 \ u_2 \ \cdots \ u_p] \begin{pmatrix} d_1 & & 0 \\ & \ddots & \\ 0 & & d_p \end{pmatrix} \begin{bmatrix} v'_1 \\ v'_2 \\ \vdots \\ v'_p \end{bmatrix} = \sum_{k=1}^{p} d_k u_k v'_k \tag{7.2}$$

いま、U_K および V_K を U, V の最初の $K(\leq p)$ 列からなる行列、D_K で最初の $K \times K$ 行列としたとき、X をより低い次元 K の行列 U_K, V_K を使って次のよう

表7.2 共起行列の特異値分解によるトピック抽出

U_2

	トピック1	トピック2
文書1	0	0.55
文書2	0	0.83
文書3	0.85	0
文書4	0.53	0

D_2

	トピック1	トピック2
Topic1	4.23	0
Topic2	0	4.12

V_2

	A	B	C	D	E
トピック1	0	0	0	0.85	0.53
トピック2	0.87	0.27	0.40	0	0

に近似することを考えます。

$$X \approx U_K D_K V'_K = \sum_{k=1}^{K} d_k \boldsymbol{u}_k \boldsymbol{v}'_k \tag{7.3}$$

表7.1の X のデータで $K = 2$ として、X を特異値分解した結果が、表7.2の U_2, D_2, V_2 です。

行列 U_2 を見ると、文書1および文書2はトピック2にのみ0.55, 0.83の値が割り当てられ、逆に文書3および文書4はトピック1にのみ0.85, 0.53の値が割り当てられています。他方、行列 V_2 を見ると、トピック1は単語 D, E のみ、トピック2は単語 A, B, C にのみゼロでない値が割当てられています。これは U_2 が、文書に含まれるトピックの可能性（確率、ただし合計が1とはなりません）を表し、V_2 は、トピックに含まれる単語の可能性（確率）を表していると解釈します。これにより、各文書のトピックによる分類や単語の分類が可能となります。このように、U_2 の情報で潜在的なトピックによって文書を分類したり、V_2 による単語によりトピックの解釈をしたりするのが、**自然言語処理**の原型です。

ただし、これは以下の意味で制限があります。まず列ベクトルが直交しており対応するトピックの解釈は互いに無関係としなければならないこと、さらに負の値が計算される場合は確率として解釈できないこと、です。このため、X を確率である頻度分布行列として、確率モデルと確率分布で定義するのが **LDA**（Latent Dirichllet Allocation）**モデル**です。

7.2.2 潜在的意味解析とトピックモデル

X を、出現頻度を表す確率で定義し、その (d,v) 要素である文書 d における単語 v が出現する確率を $p(v|d)$ としたとき、以下の(7.4)式のように表せると仮定するのがLDAモデルです。これは、(7.3)式のような行列の特異値分解の特別な場合とみることができます。

$$p(v|d) = \sum_{k=1}^{K} p(v|k)p(k|d) \equiv \sum_{k=1}^{K} \phi_{v|k}\theta_{k|d} \tag{7.4}$$

つまり、文書 d におけるトピック k の確率 $p(k|d)$ と、全文書におけるトピック k 内の単語 v の出現確率 $p(v|k)$ の積 $p(v|k)p(k|d)$ で、文書 d の単語 v がトピック k であるときの出現確率を表し、トピックすべて $k=1,...,K$ の可能性を考慮して平均をとり周辺化したものが $p(v|d)$ です。つまり、文書 d における単語 v の出現確率は、全文書を通じて評価されるトピック分布との関係から規定されることになります。したがって、文書 d の背後にある潜在的意味（トピック）を経由して単語 v の出現確率が評価されるのです。文書 d には現れない単語の出現確率も評価できます。

いま、これを詳しくみるために記号を定義しましょう。$w_{i|d}$：文書 d における i 番目の単語、$z_{i|d}$：$w_{i|d}$ のトピックと番号で $k=1,...,K$ のいずれかの値をとる離散変数、$n_{k|d}$：文書 d において潜在トピック k が現れた回数、$n_{v|k}$：全文書に対して潜在トピック k が単語 v に割り当てられた回数。このとき M 個の全文書は以下のように表されます。

文書 $1:\{w_{1|1}, w_{2|1}, ..., w_{n_1|1}\}, \cdots,$ 文書 $d:\{w_{1|d}, w_{2|d}, ..., w_{n_d|d}\}, \cdots,$
文書 $M:\{w_{1|M}, w_{2|M}, ..., w_{n_M|M}\}$

このとき、各単語の背後にトピックがあり、それを文書ごとにトピックでまとめたものが**トピック分布**、さらにトピックを固定して同じトピック内の語彙の分布を評価したものが**語彙分布**と呼ばれます。LDAは文書 d の語彙 v の出現確率を、文書 d のトピック分布と各トピックでの語彙 v の分布の積で表されるとするものです。図7.3では、LDAモデルの概念図を表しています。

モデルのパラメータは、離散分布であるトピック分布および語彙分布の確率 $\{\theta_{k|d}, \phi_{v|k}\}$ であり、それぞれは概念図の各ヒストグラムの棒の長さを意味します。

図7.3 LDAトピックモデルの概念図

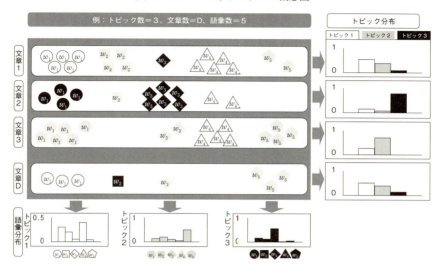

これらは各文書データから推定する必要があります。LDAモデルでは、ベイズ推定を使うのが通例です。そこではトピックの状態を表す潜在変数 $\{z_{t|d}\}$ を追加的パラメータとして、パラメータを拡大して推定する**データ拡大法**（Data Augmentation）と呼ばれる方法が用いられます。その際、パラメータの同時事後分布 $P(\{\theta_{k|d}\}, \{\phi_{v|k}\}, \{z_{t|d}\} \mid Data)$ を求めるために、**マルコフ連鎖モンテカルロ (MCMC) 法**が使われます。さらに、他のパラメータを条件付きにした条件付き事後分布が、すべて明示的に表現できる完全条件付き事後分布が定義できる設定で機能する**ギッブス（Gibbs）サンプリング**と呼ばれる方法が採用されます。

モンテカルロ法は、確率分布からの独立なサンプリングを基礎としますが、サンプリング系列は必ずしも独立である必要はなく、系列的に相関のあるサンプリングに対してモンテカルロ法を適用するのがMCMC法です。具体的には、いま変数 X の初期値 X_0 を与件として、その条件付き分布 $P(X_1 \mid X_0), P(X_2 \mid X_1), ..., P(X_t \mid X_{t-1})$ のそれぞれから乱数をサンプリングして得られる系列 $\{X_0, X_1, ..., X_t\}$ は、前期の値にのみ依存して当期の値が決まる性質を持ち、マルコフ連鎖を構成します。ギッブス・サンプリングは、これを用いて k 次元のパラメータ $\boldsymbol{\delta} = (\delta_1, ..., \delta_k)'$ の同時事後分布 $P(\delta_1, ..., \delta_k \mid Data)$ を評価する方法のひ

とつで、**完全条件付き事後分布**（full conditional distribution）が利用できる場合のアルゴリズムです。完全条件付き分布は、他のパラメータを条件付きにしたときの各パラメータの条件付き分布であり、

$$\begin{cases} P(\delta_1 | \delta_2, ..., \delta_k, Data) \\ P(\delta_2 | \delta_1, \delta_3, \delta_4, ..., \delta_k, Data) \\ \quad \vdots \\ P(\delta_j | \delta_1, ..., \delta_{j-1}, \delta_{j+1}, ..., \delta_k, Data) \\ \quad \vdots \\ P(\delta_k | \delta_1, ..., \delta_{k-1}, Data) \end{cases} \tag{7.5}$$

で定義されます。ギッブス・サンプリングは、次のステップに従います。まず初期値 $\{\delta_1^{(0)}, ..., \delta_k^{(0)}\}$ を設定し、次のサンプリングを多数回（G 回）繰り返します。

$$\delta_j^{(t)} \sim P(\delta_j^{(t)} | \delta_1^{(t-1)}, ..., \delta_{j-1}^{(t-1)}, \delta_{j+1}^{(t-1)}, ..., \delta_k^{(t-1)}, Data) \tag{7.6}$$

このとき、$\{\delta_1^{(t)}, \delta_2^{(t)}, ..., \delta_k^{(t)}, t = 1, ..., G\}$ の経験分布（ヒストグラム）は、事後分布 $P(\delta_1, \delta_2, ..., \delta_k | Data)$ を近似します（詳細は、照井 2010 およびその参考文献を参照してください）。

　LDA モデルでは、そのパラメータは、①トピック分布の確率 $\boldsymbol{\theta}_d = \{\theta_{d|k}, k = 1, ..., K\}$、②語彙分布の確率 $\boldsymbol{\phi}_k = \{\phi_{v|k}, v = 1, ..., V\}$ および、③トピックを表す状態変数 $\{z_{i|d}\}$ の 3 種類から構成されます。①、②の確率分布はデータ数が 1 の多項分布となります。これは**カテゴリカル分布**とも呼ばれます。このカテゴリカル分布と共役な事前分布として、ベータ分布を多変量化したディリクレ分布 $Dir(\boldsymbol{\alpha})$ および $Dir(\boldsymbol{\beta})$ をトピック分布と語彙分布のそれぞれに仮定します。このとき、完全条件付き事後分布 $P(\{\theta_{k|d}\} | \{\phi_{v|k}\}, \{z_{i|d}\}, Data)$ および $P(\{\phi_{v|k}\} | \{w_{i|k}\}, \{z_{i|d}\}, Data)$ も同じディリクレ分布で、次のように導出されます。

$$P(\{\theta_{k|d}\} | \{z_{i|d}\}, Data) = \frac{\Gamma(\sum_k (n_{k|d} + \alpha_k))}{\prod_k \Gamma(n_{k|d} + \alpha_k)} \prod_{k=1}^K \theta_{k|d}^{n_{k|d} + \alpha_k - 1} \tag{7.7}$$

$$P(\{\phi_{v|k}\} | \{w_{i|k}\}, \{z_{i|d}\}, Data) = \frac{\Gamma(\sum_v (n_{v|k} + \beta_v))}{\prod_k \Gamma(n_{v|k} + \beta_v)} \prod_{v=1}^V \phi_{v|k}^{n_{v|k} + \beta_v - 1} \tag{7.8}$$

さらに、③トピックを表す状態変数 $z_{i|d}$ の条件付き事後分布は次のように評価

されます。

$$P(z_{i|d} = k \,|\, w_{i|d} = v, \phi_{v|k}, \theta_{k|d}, Data) = \frac{\phi_{v|k}\theta_{k|d}}{\sum_{j}^{K}\phi_{v|j}\theta_{j|d}} \quad (7.9)$$

このとき、ギブス・サンプリングは、(7.7)〜(7.9)式の分布から $\{\theta_{d|k}\}, \{\phi_{v|k}\}$, $\{z_{i|d}\}$ の乱数を発生させながら繰り返す方法です。これは計算時間の面で有効とは限りません。そこで、**崩壊型（Collapsed）ギブス・サンプリング**では、(7.9)式を $\phi_{v|k}, \theta_{k|d}$ について期待値 $E_{\phi_{v|k}, \theta_{k|d}}[P(z_{i|d} = k \,|\, w_{i|d} = v, \phi_{v|k}, \theta_{k|d}, Data)]$ をとって、以下のように評価する方法です。

$$P(z_{i|d} = k \,|\, w_{i|d} = v, \boldsymbol{w}^{\setminus d, i}, \boldsymbol{z}^{\setminus d, i}, \boldsymbol{\alpha}, \boldsymbol{\beta}) = \frac{n_{k, v}^{\setminus d, i} + \beta_v}{n_{k}^{\setminus d, i} + \sum_{v}\beta_{v}} \cdot \frac{n_{d, k}^{\setminus d, i} + \alpha_k}{n_{d}^{\setminus d, i} + \sum_{k}\alpha_{k}} \quad (7.10)$$

（紙面の都合上詳細は省略しますが、佐藤 2015、岩田 2015などを参照してください。）

事前分布のパラメータ（ハイパーパラメータ）$\boldsymbol{\alpha}, \boldsymbol{\beta}$ を無視して解釈すると、(7.10)式の右辺第1項は、「文書 d の i 番目の単語を除き、全文書での語彙 v がトピック k に割り当てられた比率」であり、第2項は、「文書 d の i 番目の単語を除き、文書 d でトピック k が割り当てられた比率」を表しています。この2つの比率の積により、文書 d の i 番目の単語のトピックの確率が計算されます。

トピックの条件付き事後分布が $P(z_{i|d} = k \,|\, w_{i|d} = v, \phi_{v|k}, \theta_{k|d}, Data)$ ではなく、他のパラメータ $\phi_{v|k}, \theta_{k|d}$ に依存しない形で表現（周辺化と言います）できることが崩壊型ギブス・サンプリングの特徴で、割り当てられたトピックの回数をカウントするだけですむ簡単なアルゴリズムとなります。さらに z が決まれば、上記から $n_{k|d}, n_{v|k}$ が求まり、その結果、事後分布の期待値が

$$\widehat{\theta}_{k|d} = E(\theta_{k|d}) = \frac{n_{k|d}}{\sum_{j=1}^{K} n_{j|d}}, \quad k = 1, ..., K$$

$$\widehat{\phi}_{v|k} = E(\phi_{v|k}) = \frac{n_{v|k}}{\sum_{j=1}^{V} n_{j|k}}, \quad v = 1, ..., V \quad (7.11)$$

で推定可能であり、実際には MCMC の繰り返しごとに得られる $\{\widehat{\theta}_{k|d}^{(q)}, \widehat{\phi}_{v|k}^{(q)},$

7.2 自然言語処理と潜在的意味解析

$g = 1, ..., G\}$ の算術平均をそれぞれとることで、各パラメータが推定できます。これは、ディリクレ分布や(7.9)式から乱数を発生させる通常のギブス・サンプリングよりは効率的な計算方法と言えます。

このモデルの使い方として、①トピック k の語彙分布を見て、確率 $\hat{\phi}_{v|k}$ の高い語彙のリストからトピックの解釈を行うことができます。さらに、②文書 d のトピック分布を見て、$\hat{\theta}_{k|d}$ の高いトピックへ各文書を分類することが可能です。

LDA モデルは、概念図で説明したように、単語を k 種類の袋に入れることから"Bag of Words"とも言われ、単語の代わりに購入商品や画像を入れることで、さまざまな分析へ応用されています。

7.2.3 R による分析例

提供する R のコードでは、上述のテキストを LDA モデルで分析します。まず、①必要なパッケージのインストール、②ライブラリの読み込みに続いて、トピック数を $K = 4$ としてベイズ推定します。③結果の出力と可視化により、各トピックの所属確率の上位の語彙を出力します。これにより各トピックの意味付けを行います。

図7.4の上部には、4つのトピックの確率がヒストグラムで出力されています。これはモデルでは $(1/MV)\sum_{v=1}^{V}\sum_{d=1}^{M}\hat{\phi}_{v|k}\hat{\theta}_{k|d}$, $k = 1, ..., 4$ の値の棒グラフであり、そのシェアはトピック1および4が比較的大きく、トピック3が最も小さいトピックです。ただし、それほど大差はありません。

最初の10個の文書について、各トピックでの所属確率が高い上位 5〜6 個の語彙を表記したのが図7.4の下の図です。一番上のトピック 4 は、"iPhone"、"s"、"7"、"6"、"5"、"Plus"の順番に所属確率が高く、これは iPhone の機種のトピックと解釈できます。また一番下のトピック1の"イヤホンジャック"、"充電"は、iPhone 7 のトピックであろうと推測できます。さらに、10個の文書の各トピック分布が上から文書 1, 2, ..., 10 と色の濃さの違う棒グラフで表現されています。各トピックは約半分の文書が確率ゼロとなっており、例えばトピック 4 では、上から文書 1, 3, 5, 7, 9 が非ゼロの確率を持ち、次のトピック 3 では、文書 2, 3, 6, 7, 9, 10 で棒グラフが立っています。このとき、例えば1番目

図7.4 トピック分布（上）と、文書のトピック確率（下）

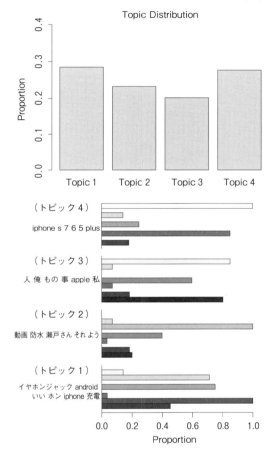

の文書は、トピック4にほぼ確率1で割り当てられ、2番目の文書は、"人"、"俺"のトピック3に0.8程度の確率で割り振られることがわかります。同様に4番目の文書はトピック2、8番目の文書はトピック1に高い確率で割り当てられると解釈できます。

図7.5では、各トピックにおける所属確率の高い6つの語彙が出力されています。

7.2 自然言語処理と潜在的意味解析

図7.5 各トピックのトップ語彙

```
        [,1]                  [,2]     [,3]     [,4]
[1,]  "イヤホンジャック""動画"    "人"             "iphone"
[2,]  "android"                "防水"   "俺"     "s"
[3,]  "いい"                   "瀬戸"   "もの"   "7"
[4,]  "ホン"                   "さん"   "事"     "6"
[5,]  "iphone"                 "それ"   "apple"  "5"
[6,]  "充電"                   "よう"   "私"     "plus"
```

【参考文献】

岩田具治（2015）『トピックモデル』講談社
佐藤一誠（2015）『トピックモデルによる統計的潜在意味解析』コロナ社
照井伸彦（2010）『Rによるベイズ統計分析』朝倉書店

第8章 ニューラルネットワークとディープラーニング

　本章では、ビッグデータを活用するAI技術として中心的役割を果たしているモデルを学びます。ニューラルネットワークは、人間の脳内の情報処理プロセスをモデル化したもので、多数の非線形な入力出力要素としての神経回路（ニューロン）を並列・階層的につないでモデル化し、その結合パターンにより脳の情報処理機能を再現しようとするモデルです。ディープラーニングは、いくつかのニューラルネットワークを階層化したモデルと言えます。

8.1 ニューラルネットワーク

　ニューラルネットワークは、統計モデルとしては、潜在変数を介在する非線形モデルとして解釈できます。とくに、経済学における効用という潜在変数を介して人間の行動を説明しようとする離散選択モデルも、広い意味では同様の発想と言えるでしょう。ただし、計量経済モデルやマーケティングの消費者行動モデルでは、因果関係の検証や構造の理解に関心が高いため、探索的な因果経路の発見は必ずしも重要視されてこなかったと言えます。
　現代のように価値の多様化が進み、ビッグデータを背景として個人や個別事例ごとのきめ細かいモデリングを通じた知見が求められる現代においては、検証的なモデリングに加えて、データからルールを発見する発見的アプローチも有用であり、検証的アプローチと発見的アプローチを融合させて知識を高める

ことが期待できます。

8.1.1 活性化関数と二値分類

入力 X に対する二値変数の出力 Y の関係をモデルで考えます。Y を説明するときに、直接ではなく、中間に中間層と呼ばれる潜在変数 u を介在させ、間接的に関係づけるのが**ニューラルネットワークモデル**です。例えば、4 つの入力（説明変数）X_1, X_2, X_3, X_4 があり、それらが潜在変数 u を

$$u_i = b_i + w_{1i}\sigma(X_1) + w_{2i}\sigma(X_2) + w_{3i}\sigma(X_3) + w_{4i}\sigma(X_4) \tag{8.1}$$

で規定し、さらに、u が出力変数 Y を以下のように規定するとします。

$$Y \approx \sigma\left(c + \sum_{i=1}^{2} c_i u_i\right) \tag{8.2}$$

ここで $\sigma(\cdot)$ はシグモイド関数と呼ばれる関数で、

$$\sigma(z) = \frac{1}{1+\exp(-z)} \tag{8.3}$$

と定義されます。これは第 5 章で説明したロジスティック関数と同じで、定義域は $(-\infty, \infty)$、値域は $(0,1)$ をとる非線形関数で、**活性化関数**とも呼ばれます。

第 5 章の判別法で学んだ手法として、同じように潜在変数を介在させて二値の目的変数を説明するロジスティック回帰を学びましたが、ニューラルネットワークでは説明変数の潜在変数への関係が線形ではなく、ロジスティック曲線（シグモイド関数）の形をとります（図8.1）。

ここまでをみれば、ニューラルネットワークは中間に潜在変数を持つ非線形階層モデルであることがわかります。

また、モデルのパラメータは、中間層の係数 $(b_i, w_{1i}, w_{2i}, w_{3i}, w_{4i})$ と上位層の係数 (c, c_1, c_2) であり、説明変数とは独立した部分である切片 b_i および c は機械学習ではバイアスと呼ばれます。推定は、入力と出力のデータ $\{X_{1i}, X_{2i}, X_{3i}, X_{4i}, Y_i, i=1,...,n\}$ を用いた教師付き学習として、誤差 2 乗和 $\min \sum_{i=1}^{n} [Y - \sigma(c + \sum_{i=1}^{2} c_i u_i)]^2$ を最小にするようパラメータの推定値を求めます。

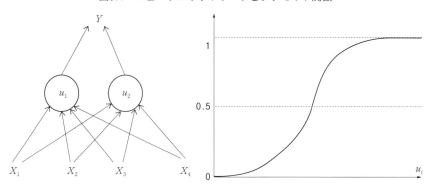

図8.1 ニューラルネットワークとシグモイド関数

第6章で議論したように、過学習を防ぐために正則化項を入れた最適化が一般に行われます。正則化項としては、リッジ回帰のように係数すべてが一様にゼロに縮約する2乗和の項を追加して

$$\min \sum_{i=1}^{n}\Big[Y-\sigma\Big(c+\sum_{i=1}^{2}c_i u_i\Big)\Big]^2+\lambda\sum_{k=1}^{8}q_k^2 \tag{8.4}$$

の最適化を行います。ここで q_k はパラメータ $(b_i, w_{1i}, w_{2i}, w_{3i}, w_{4i})$ および (c, c_1, c_2) の各要素を表します。

連続目的変数の場合

Y が連続変数の場合には、(8.2)式のシグモイド関数を外して以下の関係で予測します。

$$Y \approx c + \sum_{i=1}^{2} c_i u_i \tag{8.5}$$

8.1.2 多値変数

目的変数 Y が3つ以上の多値変数（とりうる値が K 個とする）の場合には、シグモイド関数でなく多項ロジット関数（機械学習では**ソフトマックス**と呼ばれます）

8.1 ニューラルネットワーク

図8.2 ネットワークの係数推定値

```
> summary(n.net)
a 12-5-4 network with 137 weights
options were - skip-layer connections  softmax modelling  decay=0.006
 b->h1   i1->h1   i2->h1   i3->h1   i4->h1   i5->h1   i6->h1   i7->h1   i8->h1   i9->h1  i10->h1  i11->h1  i12->h1
-11.26    -4.41     1.82     0.36    -0.32     3.01     3.84     1.69    -2.83     0.26     2.94     0.13    -0.55
 b->h2   i1->h2   i2->h2   i3->h2   i4->h2   i5->h2   i6->h2   i7->h2   i8->h2   i9->h2  i10->h2  i11->h2  i12->h2
-18.87    -2.23    -2.97     0.65     7.32     1.14     2.94     1.04     4.88     0.97    -3.97     0.07    10.15
 b->h3   i1->h3   i2->h3   i3->h3   i4->h3   i5->h3   i6->h3   i7->h3   i8->h3   i9->h3  i10->h3  i11->h3  i12->h3
  0.31    -0.01     0.00     0.00     0.00     0.04     0.00     0.01     0.03     0.84     0.72     0.74     0.66
 b->h4   i1->h4   i2->h4   i3->h4   i4->h4   i5->h4   i6->h4   i7->h4   i8->h4   i9->h4  i10->h4  i11->h4  i12->h4
 -5.19    -3.01    -1.91     1.42   -11.62    -0.97     0.96     1.23     1.61    -0.36    -4.28     1.90     6.36
 b->h5   i1->h5   i2->h5   i3->h5   i4->h5   i5->h5   i6->h5   i7->h5   i8->h5   i9->h5  i10->h5  i11->h5  i12->h5
  2.61     1.36     2.80     1.38     4.75     6.81     9.40     2.30    -6.60     1.15     2.58    -8.63     2.08
 b->o1   h1->o1   h2->o1   h3->o1   h4->o1   h5->o1   i1->o1   i2->o1   i3->o1   i4->o1   i5->o1   i6->o1   i7->o1
 -1.89    -4.12    -4.87    -1.89     6.49     2.30     1.32     0.73    -0.65     4.65     2.98     2.13    -0.39
 i8->o1   i9->o1  i10->o1  i11->o1  i12->o1
 -0.44    -0.40     2.51    -0.40    -0.64
 b->o2   h1->o2   h2->o2   h3->o2   h4->o2   h5->o2   i1->o2   i2->o2   i3->o2   i4->o2   i5->o2   i6->o2   i7->o2
  5.84     7.50     7.73     5.80    -6.72    -3.16    -0.35    -1.33    -0.06    -5.72    -4.28    -3.95    -1.90
 i8->o2   i9->o2  i10->o2  i11->o2  i12->o2
 -0.30    -0.62    -5.29     0.49     1.43
 b->o3   h1->o3   h2->o3   h3->o3   h4->o3   h5->o3   i1->o3   i2->o3   i3->o3   i4->o3   i5->o3   i6->o3   i7->o3
 -2.18    -2.80     0.77    -2.19    -0.30     7.05    -0.27     1.05     1.11    -0.50     0.57     1.40     1.77
 i8->o3   i9->o3  i10->o3  i11->o3  i12->o3
 -0.34     0.27     1.61    -0.36     0.02
 b->o4   h1->o4   h2->o4   h3->o4   h4->o4   h5->o4   i1->o4   i2->o4   i3->o4   i4->o4   i5->o4   i6->o4   i7->o4
 -1.78    -0.58    -3.63    -1.72     0.52    -6.20    -0.70    -0.44    -0.39     1.56     0.73     0.41     0.52
 i8->o4   i9->o4  i10->o4  i11->o4  i12->o4
  1.07     0.75     1.17     0.28    -0.81
```

$$f(z_i) = \frac{\exp(-z_i)}{\exp(-z_1)+\exp(-z_2)+\cdots+\exp(-z_K)}, \quad k = 1, ..., K \quad (8.6)$$

で予測をします。

8.1.3 Rによる分析例

Rのデータセットを取り出すパッケージEcdatにある4種類のケチャップ（heinz41, heinz32, heinz28, hunts32）のブランド選択に関するID付きPOSデータを分析してみましょう。説明変数は、価格、ディスプレイ（店舗プロモーション、disp）、チラシ（feat）の3つです。

提供するRのコードでは、まず、①必要なパッケージのインストール、②データ"Catsup"の読み込み、③モデル推定、④結果の可視化が行われます。訓練データは2,798の購買記録のうち2,000個をランダムに抽出します。残りの798個はテストデータとします。その内訳はtrain.yに格納されます。

この例は多値変数の選択問題であり、(8.6)式のソフトマックス関数を用いてモデル化します。モデル推定では正則化項の係数 λ をあらかじめdecay = 0.06と指定しています。これはテストデータを確保して、繰り返し予

図8.3 ネットワーク推定結果

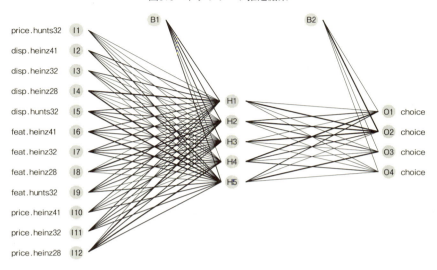

図8.4 混同行列と予測精度（$H=5$）

```
        heinz41 heinz32 heinz28 hunts32
heinz41       5      29      24       2
heinz32       0     344      55      10
heinz28       1      90     136       8
hunts32       1      34      26      33

        Accuracy: 0.649
```

測誤差を計算することで最適な値を決めることが可能です。また中間層の潜在変数の数を5としています。

　図8.2の出力は、変数の関係にかかる係数パラメータ推定値を表しています。いま、説明変数は、4つのブランドの価格、ディスプレイ、チラシの3種類で合計12個であり、例えば、図8.2の出力1行目の最右列 i12->h1 の下の−0.55は、heinz28の価格が中間層の係数 u_1 に与える活性化関数の係数が−0.55で推定されたことを意味しています。

　また図8.3は、推定されたネットワークが変数名とともに描かれています。図8.4は、テストデータに対する混同行列であり、対角成分が予測が的中した件

図8.5 混同行列と予測精度（$H = 20$）

```
         heinz41 heinz32 heinz28 hunts32
heinz41       11      30      17       2
heinz32        1     352      42      14
heinz28        1      74     149      11
hunts32        2      36      23      33

            Accuracy: 0.683
```

数を表し、全体の精度（accuracy）は0.649と計算されています。図8.5の計算結果は、中間層の数を $H = 20$ に増やした結果です。対角成分を見るとすべてのブランドについて全般的に的中率が向上しており、全体の精度は0.683へ増加しています。

8.2 ディープラーニング

8.2.1 多層ニューラルネットワーク

ディープラーニングは、中間層のレベル数を2つ以上にしたニューラルネットワークと言えます。図8.6にあるように、ニューラルネットワークの中間層 u に加えてもう一階層中間層 v を追加した複数レベルの階層モデルです。

モデル推定についてはニューラルネットワークとほぼ同じです。大規模なニューラルネットワークやディープラーニングが可能になった理由として、1980年代に推定アルゴリズム（急勾配傾斜法など）にブレイクスルーがあったこと、ビッグデータを背景としてウェブなどを通じて大量データが容易に利用できるようになったこと、さらには高速演算処理を可能とする汎用的なハードウェアが登場したことなどが挙げられています。

8.2.2 Rによる分析例

前節と同じデータを用いてディープラーニングで推定します。その際、訓練データを確保して、テストデータに対する予測精度を評価しながらモデル推定します。Rのコードでは、まず、①必要なパッケージのインストール、②デー

図8.6　ディープラーニング

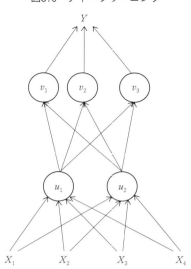

図8.7　混同行列と予測精度（H_1＝128, H_2＝64）

```
pred.label
       1    2    3    4
1      7   26   25    2
2      2  335   64    8
3      0   80  150    5
4      1   36   27   30

     [1] 0.6541353
```

タ"Catsup"の読み込み、③モデル推定、④予測評価が行われます。

　第1の中間層の数を128、第2の中間層の数を64とあらかじめ指定し、(8.4)式と同様の正則化項を含む最適化計算によってモデルを推定し、テストデータに対する予測評価をしたのが図8.7の出力です。テストデータへの予測精度は0.654と計算されています。この場合はニューラルネットワークの最初の結果よりも予測精度が落ちており、過学習の可能性があります。もちろん、第5章の判別法で説明したように、4つの選択肢のデータ数は均等ではなく、いわばクラス不均衡問題が生じている可能性もあり、これを改善することも可能です。

8.2 ディープラーニング

　これらの他、畳み込みニューラルネットワーク、またはCNN（Convolution Neural Network）と呼ばれる手法も提案されています。これは、隠れ層の数を増やすのではなく、一つの隠れ層を分割して、重複する分割領域についてフィルターを通して加重平均をとり精度を上げようとする分析で、画像解析などの分野で性能を発揮し注目されています（興味のある読者は、岡谷2015およびその参考文献で学ぶことを勧めます）。従来の統計学でのノンパラメトリック推定という分野にも、ウィンドウと呼ばれる窓を通じて推定する領域を限定し、その中で加重平均をとり、一致性を持つ推定量を構成しようとする方法がありますが、その考え方に相通じる発想の手法です。

【参考文献】

Hastie, T., R. Tibshirani and J. Friedman（2009）*The Elements of Statistical Learning: Data Mining, Inference, and Prediction*, 2nd ed., Springer.（杉山将他訳（2014）『統計的学習の基礎：データマイニング・推論・予測』共立出版）
岡谷貴之（2015）『深層学習』講談社
ビショップ、C. M.（2007, 2008）『パターン認識と機械学習（上・下）』元田浩・栗田多喜夫・樋口知之・松本裕治・村田昇訳、シュプリンガー

補　論　**基礎事項の確認**

ここでは、本書の内容を理解する上での基礎となる確率・統計学や、行列、回帰分析の基礎について整理しておきます。

A　確率統計の基礎

A.1　確率と確率分布

サイコロを投げて出る目のように、観測する前に、起こりうる結果がどのようなものであるのかがわかり、かつ、それらの結果がどのような確率で現れるのかがわかる変数のことを、**確率変数**と言います。サイコロ投げの場合には、起こりうる結果は出る目であり、それは 1 から 6 までの整数で、それぞれが起こる確率はすべて1/6です。この確率変数を X と書くと、起こりうる結果 x の確率を与える関数 $p(x)$ は**確率分布**と言われます。サイコロを投げて出る目の確率変数の確率分布は、図 A.1 左のようになります。

他方、起こりうる結果が実数である確率変数は連続型確率変数と言われ、釣り鐘型のような連続関数で確率分布が与えられます。確率分布は図 A.1 右のように与えられ、分布の山の一番高い所における X の値が、起こりうる確率が最も大きいことを表しています。

図 A.1 確率分布

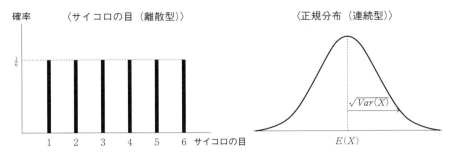

A.2 確率変数の期待値と分散・共分散

まず、離散型確率変数の場合には、確率変数 X の**期待値**は分布の中央の尺度になります。n 通りの結果 $x_1, ..., x_n$ がそれぞれ確率 $p(x_i)$ で起こりうるとき、それらの結果とそれぞれが起こる確率を掛け合わせたものの和として、期待値は次のように定義されます。

$$E(X) = x_1 p(x_1) + x_2 p(x_2) + \cdots + x_n p(x_n) = \mu_x \tag{A.1}$$

また、**分散**は、期待値周りでどれくらい散らばっているかを表す尺度であり、

$$\begin{aligned} Var(X) &= E(X - E(X))^2 \\ &= (x_1 - \mu_x)^2 p(x_1) + \cdots + (x_n - \mu_x)^2 p(x_n) = \sigma_x^2 \end{aligned} \tag{A.2}$$

で定義されます。分散の平方根 σ_x は**標準偏差**と言われます。連続型確率変数の場合には、すべての場合について和をとる代わりに領域の面積を求める積分が使われます。

これらの確率分布の特徴量については、a, b を定数とするとき、X を一次変換した $Z = aX + b$ について、定義から以下の 2 つの関係が成り立ちます。

$$E(Z) = E(aX + b) = aE(X) + b = a\mu_x + b \tag{A.3}$$

$$Var(Z) = Var(aX + b) = a^2 Var(X) = a^2 \sigma_x^2 \tag{A.4}$$

さらに、2 つの確率変数 X, Y についての比例的な関連性の尺度である共分散は、下記で定義されます。

$$Cov(X, Y) = E((X-E(X))(Y-E(Y))) = \sigma_{xy} \tag{A.5}$$

いま、$Z = aX + bY$ としたとき、Z の平均と分散は上記の定義により

$$E(Z) = E(aX+bY) = a\mu_x + b\mu_y \tag{A.6}$$

$$Var(Z) = Var(aX+bY) = a^2\sigma_x^2 + b^2\sigma_y^2 + 2ab\sigma_{xy} \tag{A.7}$$

となります。

A.3　統計的推測：標本分布、信頼区間、仮説検定

標本を確率変数の実現値とみなすとき、標本平均や標本分散などの分布の特性値は、それ自体が確率分布を持ちます。これら特性値に関する確率分布は**標本分布**と呼ばれます。

標本平均 $\bar{X}$ の分布

いま、平均が μ、分散が σ^2 の母集団から抽出された n 個の無作為標本 $\{x_1, x_2, ..., x_n\}$ を n 個の確率変数 $\{X_1, X_2, ..., X_n\}$ の一つの実現値と考えるとき、**標本平均**および**標本分散**

$$\bar{X} = \frac{X_1 + \cdots + X_n}{n} \tag{A.8}$$

$$S^2 = \frac{(X_1-\bar{X})^2 + \cdots + (X_n-\bar{X})^2}{n-1} \tag{A.9}$$

は、**標本統計量**、あるいは単に統計量と言われます。統計量は確率変数であり、標本からある量を計算するルールを意味しています。これに対して、観測された標本を代入して計算された1つの値 $\bar{x}$ や s^2 は、小文字表記をして統計量と区別し、**統計値**と呼ばれます。

まず、統計量 $\bar{X}$ の期待値と分散は、それぞれ以下の式で評価されます。

$$E(\bar{X}) = E\left(\frac{X_1 + \cdots + X_n}{n}\right) = \frac{1}{n}(E(X_1) + \cdots + E(X_n)) = \frac{1}{n}n\mu = \mu \tag{A.10}$$

$$Var(\bar{X}) = Var\left(\frac{X_1 + \cdots + X_n}{n}\right) = \frac{1}{n^2}(Var(X_1) + \cdots Var(X_n)) = \frac{\sigma^2}{n} \quad (A.11)$$

いま、母集団が正規分布 $N(\mu, \sigma^2)$ しているとき、標本平均 $\bar{X}$ は厳密に、平均 μ、分散 σ^2/n の正規分布

$$\bar{X} \sim N\left(\mu, \frac{\sigma^2}{n}\right) \quad (A.12)$$

に従います。ここで $\bar{X}$ を、μ を推定するための統計量としてみた場合、その推定の精度を分散 σ^2/n で測ることができます。しかし、σ^2 は一般に未知ですが、標本サイズ n が十分に大きい場合には σ^2 をその推定量 S^2 で置きかえた

$$\bar{X} \sim N\left(\mu, \frac{S^2}{n}\right) \quad (A.13)$$

が近似的に成立します。n が十分に大きくないとき（$n \leq 30$ などが該当することが多い）は、(A.13)式は近似的にも成り立ちませんが、$\bar{X}$ は次項で説明する t 分布に従うことが知られています。また、母集団が正規分布に従っていない場合でも、n が大きいときには、次に説明する中心極限定理により (A.12)式および (A.13)式が近似的に成り立ちます。

母集団分布が正規分布でない場合でも、平均 μ と分散 σ^2 を持つ n 個の独立な確率変数 $\{X_1, X_2, ..., X_n\}$ から作られる標本平均統計量 $\bar{X}$ は、n が十分大きいとき、次の正規分布に従います。

$$\bar{X} \sim N\left(\mu, \frac{\sigma^2}{n}\right) \quad (A.14)$$

この性質を示す定理を**中心極限定理**と言います。

推定と信頼区間

母集団パラメータの値を推定するために標本統計量を利用する場合、その統計量を**推定量**と呼びます。例えば、ある母集団の平均パラメータ μ を推定する

ために無作為標本 $\{X_1, X_2, ..., X_n\}$ を使って作られる標本統計量 $\hat{\mu} = \bar{X}$ は、μ の推定量になります。母集団パラメータの値を一つの標本統計量で推定する方式が**点推定**と呼ばれるのに対し、ある幅をもってパラメータを推測する方式は、**区間推定**と呼ばれます。

まず、$\bar{X}$ を平均 0、分散 1 に標準化して

$$Z = \frac{\bar{X} - \mu}{\sqrt{\sigma^2/n}} \sim N(0, 1) \tag{A.15}$$

を求めます（$N(0,1)$ は標準正規分布と呼ばれます）。そして、Z が平均 μ を中心としたある区間に入る確率を考え、例えばそれが95％となる区間は、標準正規分布表から上側および下側2.5％点である ± 1.96 を用いることで、次式が成立します。

$$P(-1.96 < Z < 1.96) = 0.95 \tag{A.16}$$

(A.16)式の右辺の確率は任意に決めることができ、標準正規分布表から対応する臨界値（分布の裾の領域の境界）を見つけることができます。通常は95％や99％が利用されます。

(A.16)式から、以下のように μ に関する不等式を展開し、

$$P\left(\bar{X} - 1.96\frac{\sigma}{\sqrt{n}} < \mu < \bar{X} + 1.96\frac{\sigma}{\sqrt{n}}\right) = 0.95 \tag{A.17}$$

が得られます。ここから、一組のサンプル $\{x_1, ..., x_n\}$ を用いて求められる区間

$$\left[\bar{x} - 1.96\frac{\sigma}{\sqrt{n}},\ \bar{x} + 1.96\frac{\sigma}{\sqrt{n}}\right] \tag{A.18}$$

は、μ に関する95％信頼区間と呼ばれます。

標本サイズ n が必ずしも大きくない場合（$n \leq 30$）には、σ を S で置きかえることの影響が無視できなくなります。その場合、Z に対応する次の t 統計量

A 確率統計の基礎

$$t = \frac{\bar{X}-\mu}{\sqrt{S^2/n}} \sim t(n-1) \tag{A.19}$$

が、自由度 $n-1$ の t 分布に従うという性質を使って、95％信頼区間を導出します。この場合の信頼区間は次の形をとります。

$$\left[\bar{x} - t_{2.5}(n-1)\frac{s}{\sqrt{n}},\ \bar{x} + t_{2.5}(n-1)\frac{s}{\sqrt{n}}\right] \tag{A.20}$$

ここで、$t_{2.5}(n-1)$ は自由度 $n-1$ の t 分布の上側2.5％点です。

ここで説明した標準正規分布表および t 分布表は、通常の統計学のテキストの巻末に添付されています。

仮説検定

次に、仮説検定を考えます。母集団平均 μ が特定の値 μ_0 の値であるか否かに関心があるとき、仮説（**帰無仮説**と呼ばれます）

$$H_0 : \mu = \mu_0$$

と、それを否定する仮説（**対立仮説**と呼ばれます）

$$H_1 : \mu \neq \mu_0$$

を設定し、与えられた標本から H_0 か H_1 のいずれかを選択する問題が**仮説検定**です。

母集団の分散 σ^2 が未知である一般的な場合の仮説検定の考え方、および手続きは、次のように行われます。まず、(A.19)式の t 統計量の μ に帰無仮説の値 μ_0 を代入すると

$$t_0 = \frac{\bar{X}-\mu_0}{\sqrt{S^2/n}} \tag{A.21}$$

となり、これを**検定統計量**と呼びます。このとき、t_0 は、H_0 が正しいとき、自由度 $n-1$ の t 分布

$$t_0 \sim t(n-1) \quad (H_0\text{が正しいとき}) \tag{A.22}$$

に従います。よって、検定統計量 t_0 は、H_0 が正しいときには、分布の中央であるゼロ付近で観測されることが期待され、逆に分布の裾に落ちる大きな値の検定統計量が観測された場合には、「H_0 が正しいという想定が合理的でない」と判断し、帰無仮説 H_0 を棄却して対立仮説 H_1 を受け入れます。

この分布の裾の領域の境界は検定の**臨界値**と呼ばれ、通常、対称に設定される右裾と左裾の領域を合計して5％あるいは1％となる値が利用されます。つまり、有意水準5％の検定の場合には、観測値 $\bar{x}$ および S^2 を代入した検定統計量の観測値 t_0^* に対して

$$|t_0^*| > t_{2.5}(n-1) \tag{A.23}$$

のとき、帰無仮説 H_0 を棄却し、この検定結果は有意水準5％で有意であると言います。

B 行列および分散共分散行列の性質

B.1 行列の固有値と固有ベクトル

$r \times r$ の正方行列 A および r 次元ベクトル x に対して、

$$Ax = \lambda x \tag{B.1}$$

が成り立つときのスカラー λ は、行列 A の固有値、x は固有ベクトルです。このとき、$(A - \lambda I)x = \mathbf{0}$ となることから、条件として行列式

$$|A - \lambda I| = 0 \tag{B.2}$$

を満たす r 次の多項式の解 $\lambda_1 \geq \lambda_2 \geq \cdots \geq \lambda_r$ が、固有値として求まります。ここで I は r 次の単位行列です。A が対称行列の場合、固有値は実数となり、さらに非負値定符号行列の場合はすべての固有値が非負となる性質があります。また、対称行列 A の固有ベクトルは互いに直交、すなわち、$x_i \perp x_j$ $(i \neq j)$ と

なる性質があります。これは、次のようにして示すことができます。まず (B.1) 式より、$A\bm{x}_i = \lambda_i \bm{x}_i$ および $A\bm{x}_j = \lambda_j \bm{x}_j$ であり、後者の式の両辺の転置をとった $\bm{x}_j' A' = \bm{x}_j' A = \lambda_j \bm{x}_j'$ の両辺に $\bm{x}_i$ を右から掛けて、$\bm{x}_j' A \bm{x}_i = \lambda_j \bm{x}_j' \bm{x}_i$ (①) が得られます。他方、$A\bm{x}_i = \lambda_i \bm{x}_i$ の両辺に $\bm{x}_j'$ を左から掛けて、$\bm{x}_j' A \bm{x}_i = \lambda_i \bm{x}_j' \bm{x}_i$ (②) が得られます。① − ② より、$(\lambda_j - \lambda_i)\bm{x}_j' \bm{x}_i = 0$ であり、仮定より $\lambda_j \neq \lambda_i$ なので、$\bm{x}_j' \bm{x}_i = 0$ となり、$\bm{x}_i$ と $\bm{x}_j$ は直交 ($\bm{x}_i \perp \bm{x}_j$) することがわかります。

B.2 分散共分散行列の性質

いま、r 次元変量 $\bm{x}$ の n 組の標本 $\bm{x}_i = \{(x_{1i}, x_{2i}, ..., x_{ri})', i = 1, ..., n\}$ が得られたとき、その標本分散共分散行列 $\bm{S}$ は、その (k, l) 要素が

$$s_{kl} = \frac{1}{n-1} \sum_{i=1}^{n} (x_{ki} - \bar{x}_k)(x_{li} - \bar{x}_l) \tag{B.3}$$

で対称行列です。また、正方行列の左上要素から順次定義される首座行列の行列式がすべて非負であるとき、非負値定符号と定義されますが、$\bm{S}$ で $r = 2$ の場合、首座行列式の条件は次の 2 つです。

$$s_{11} \geq 0, \quad \begin{vmatrix} s_{11} & s_{12} \\ s_{21} & s_{22} \end{vmatrix} = s_{11} s_{22} - s_{12} s_{21} = s_{11} s_{22} - s_{12}^2 \geq 0 \tag{B.4}$$

1 番目の条件は、s_{11} が標本分散なので非負であることが自明です。2 番目は、次のコーシー・シュワルツの不等式から

$$\begin{aligned} s_{11} s_{22} &= \left(\sum_{i=1}^{n} (x_{1i} - \bar{x}_1)^2 \right) \left(\sum_{i=1}^{n} (x_{2i} - \bar{x}_2)^2 \right) \\ &\geq \left(\sum_{i=1}^{n} (x_{1i} - \bar{x}_1)(x_{2i} - \bar{x}_2) \right)^2 \end{aligned} \tag{B.5}$$

あるいは、(B.5) 式の両辺を左辺で割ることで次の (B.6) 式が得られ、これは相関係数 r_{12} が ± 1 を超えない、したがってその二乗が 1 を超えない性質

$$1 \geq \left(\frac{\sum_{i=1}^{n}(x_{1i} - \bar{x}_1)(x_{2i} - \bar{x}_2)}{\sqrt{\left(\sum_{i=1}^{n}(x_{1i} - \bar{x}_1)^2 \right)\left(\sum_{i=1}^{n}(x_{2i} - \bar{x}_2)^2 \right)}} \right)^2 = r_{12}^2 \tag{B.6}$$

を利用して確認できます。したがって S は非負値定符号行列ですので、その固有値は非負の実数となります。

S の固有値 $\lambda_1 \geq \lambda_2 \geq \cdots \geq \lambda_r$ および対応する固有ベクトルを $\bm{x}_1, \bm{x}_2, ..., \bm{x}_r$、さらに固有値を対角成分に持ち非対角要素がすべてゼロの行列を $diag(\lambda_1, ..., \lambda_r)$ としたとき、$\bm{P} = (\bm{x}_1, \bm{x}_2, ..., \bm{x}_r)$ を用いて次の関係が得られます。

$$\bm{P}^{-1}\bm{S}\bm{P} = diag(\lambda_1, ..., \lambda_r) \tag{B.7}$$

これは S の固有値を対角成分に持つ対角行列に分解する表現であり、**スペクトル分解**と言われます。

行列 $\bm{A}$ の対角成分の和 $\sum_{i=1}^{r} a_{ii}$ はトレースと呼ばれ、$tr\,\bm{A}$ と書かれます。トレースには、2つの行列の積 $\bm{AB}$ のトレースについて、$tr\,\bm{AB} = tr\,\bm{BA}$ となる性質があります。これを利用すると、(B.7)式の両辺のトレースをとれば、$\bm{A} = \bm{P}^{-1}\bm{S},\ \bm{B} = \bm{P}$ と置くことで

$$tr\,\bm{P}^{-1}\bm{S}\bm{P} = tr\,(\bm{P}\bm{P}^{-1})\bm{S} = tr\,\bm{I}\bm{S} = tr\,\bm{S} = tr\,diag(\lambda_1, ..., \lambda_r) \tag{B.8}$$

となることがわかります。つまり、標本分散の和が S の固有値の和に等しい関係

$$\sum_{i=1}^{r} s_{ii} = \sum_{i=1}^{r} \lambda_i \tag{B.9}$$

が導かれます。

BIGDATA C 回帰分析の基礎

C.1 回帰モデル

いま、変量 y_t に対して k 種類の説明変数 $(x_{1t}, x_{2t}, ..., x_{kt})$ があり、それらの間に線形な関係を仮定した線形回帰モデル

$$y_t = \beta_1 x_{1t} + \beta_2 x_{2t} + \cdots + \beta_k x_{kt} + \varepsilon_t \equiv \bm{x}'_t\bm{\beta} + \varepsilon_t,\quad \varepsilon_t \sim \text{i.i.d.}\,N(0, \sigma^2) \tag{C.1}$$

を設定します。ここで、$\bm{x}_t = (x_{1t}, x_{2t}, ..., x_{kt})'$ および $\bm{\beta} = (\beta_1, \beta_2, ..., \beta_k)'$ で、ε_t は

C 回帰分析の基礎

回帰の誤差項であり、t に関して独立に平均 0、分散 σ^2 の正規分布に従うことを意味しています。

n 組のデータ $t = 1, ..., n$ に関してまとめて行列表記すると、

$$\boldsymbol{y} = \boldsymbol{X}\boldsymbol{\beta} + \boldsymbol{\varepsilon}, \quad \boldsymbol{\varepsilon} \sim N_n(\boldsymbol{0}, \sigma^2 \boldsymbol{I}_n) \tag{C.2}$$

となります。ここで、n 次元ベクトル $\boldsymbol{y} = (y_1, y_2, ..., y_n)'$、$n \times k$ の行列 $\boldsymbol{X} = (\boldsymbol{x}_1, \boldsymbol{x}_2, ..., \boldsymbol{x}_n)'$、$n$ 次元ベクトル $\boldsymbol{\varepsilon} = (\varepsilon_1, \varepsilon_2, ..., \varepsilon_n)'$ であり、$\boldsymbol{I}_n$ は n 次元単位行列を表しています。

C.2 最小二乗法と推定量の分布

係数パラメータ $\boldsymbol{\beta} = (\beta_1, \beta_2, ..., \beta_k)'$ の最小二乗推定量 $\hat{\boldsymbol{\beta}} = (\hat{\beta}_1, \hat{\beta}_2, ..., \hat{\beta}_k)'$ について説明します。

モデルの予測値

$$\hat{y}_t = \hat{\beta}_1 x_{1t} + \hat{\beta}_2 x_{2t} + \cdots + \hat{\beta}_k x_{kt} \tag{C.3}$$

と観測値 y_t との差

$$e_t = y_t - (\hat{\beta}_1 x_{1t} + \hat{\beta}_2 x_{2t} + \cdots + \hat{\beta}_k x_{kt}) \tag{C.4}$$

を t 期の**残差**と呼び、以下のように $t = 1, ..., n$ までの残差の二乗和を最小にするように推定量 $\hat{\boldsymbol{\beta}}$ を求めるのが最小二乗法です。

$$\min_{\hat{\beta}} \sum_{t=1}^{n} e_t^2 = \sum_{t=1}^{n} (y_t - (\hat{\beta}_1 x_{1t} + \hat{\beta}_2 x_{2t} + \cdots + \hat{\beta}_k x_{kt}))^2 \tag{C.5}$$

いま、(C.5)式の最小化の必要条件から、次の連立方程式（正規方程式と呼ばれます）が得られ、その解として推定量が求まります。

$$\begin{cases} \dfrac{\partial \sum_{t=1}^n e_t^2}{\partial \widehat{\beta}_1} = -2\sum_{t=1}^n x_{1t}(y_t-(\widehat{\beta}_1 x_{1t}+\widehat{\beta}_2 x_{2t}+\cdots+\widehat{\beta}_k x_{kt})) = -2\sum_{t=1}^n x_{1t}e_t = 0 \\ \dfrac{\partial \sum_{t=1}^n e_t^2}{\partial \widehat{\beta}_2} = -2\sum_{t=1}^n x_{2t}(y_t-(\widehat{\beta}_1 x_{1t}+\widehat{\beta}_2 x_{2t}+\cdots+\widehat{\beta}_k x_{kt})) = -2\sum_{t=1}^n x_{2t}e_t = 0 \\ \quad\vdots \qquad\qquad\qquad \vdots \qquad\qquad\qquad \vdots \qquad\qquad \vdots \\ \dfrac{\partial \sum_{t=1}^n e_t^2}{\partial \widehat{\beta}_k} = -2\sum_{t=1}^n x_{kt}(y_t-(\widehat{\beta}_1 x_{1t}+\widehat{\beta}_2 x_{2t}+\cdots+\widehat{\beta}_k x_{kt})) = -2\sum_{t=1}^n x_{kt}e_t = 0 \end{cases} \quad (C.6)$$

$\boldsymbol{e} = (e_1, e_2, ..., e_n)'$ として (C.6) 式をベクトル表記すると、

$$\begin{aligned}\frac{\partial \boldsymbol{e}'\boldsymbol{e}}{\partial \widehat{\boldsymbol{\beta}}} &= \frac{\partial (\boldsymbol{y}-\boldsymbol{X}\widehat{\boldsymbol{\beta}})'(\boldsymbol{y}-\boldsymbol{X}\widehat{\boldsymbol{\beta}})}{\partial \widehat{\boldsymbol{\beta}}} = \frac{\partial (\boldsymbol{y}'\boldsymbol{y}-2\widehat{\boldsymbol{\beta}}'\boldsymbol{X}'\boldsymbol{y}+\widehat{\boldsymbol{\beta}}'\boldsymbol{X}'\boldsymbol{X}\widehat{\boldsymbol{\beta}})}{\partial \widehat{\boldsymbol{\beta}}} \\ &= -2\boldsymbol{X}'\boldsymbol{y}+2\boldsymbol{X}'\boldsymbol{X}\widehat{\boldsymbol{\beta}} = \boldsymbol{0}\end{aligned} \quad (C.7)$$

より、$\boldsymbol{\beta}$ の最小二乗推定量

$$\widehat{\boldsymbol{\beta}} = (\boldsymbol{X}'\boldsymbol{X})^{-1}\boldsymbol{X}'\boldsymbol{y} \quad (C.8)$$

が得られます。また、誤差項の分散パラメータ σ^2 については、残差平方和を自由度 $n-k$ で割ったもので、最小二乗推定量を次のように定義します。

$$s^2 = \frac{\sum_{t=1}^n e_t^2}{n-k} \quad (C.9)$$

そのとき、それぞれの推定量は次の正規分布およびカイ二乗分布に従うことが知られています。

$$\widehat{\boldsymbol{\beta}} \sim N_k(\boldsymbol{\beta}, \sigma^2(\boldsymbol{X}'\boldsymbol{X})^{-1}) \quad (C.10)$$

$$\frac{vs^2}{\sigma^2} \equiv \frac{(n-k)s^2}{\sigma^2} = \frac{\sum_{t=1}^n e_t^2}{\sigma^2} \sim \chi^2(n-k) \quad (C.11)$$

C.3　最小二乗推定量の性質：ガウス＝マルコフの定理

次に、最小二乗推定量の性質について説明しましょう。まず期待値は、

C　回帰分析の基礎

$$E(\widehat{\boldsymbol{\beta}}) = \boldsymbol{\beta} \quad (\text{C.12})$$

という真の値に等しい性質を持っており、これは**不偏性**と言われます。さらに、$\widehat{\beta}_i$ の分散 $Var(\widehat{\beta}_i)$ については、最小二乗推定量と、線形で不偏な別の推定量 $\widehat{\beta}^*$ と比較した場合

$$Var(\widehat{\beta}_i) \leq Var(\widehat{\beta}_i^*) \quad (\text{C.13})$$

が成立します。つまり、最小二乗推定量の分散が最も小さく、この性質は**ガウス＝マルコフの定理**として知られています。

　さらに、$\widehat{\boldsymbol{\beta}}$ の分散は標本サイズ n が大きくなるにつれてゼロに近づいていきます。不偏性と併せると、n が大きくなるにつれて、標本分布は平均値の周りに集中していき、無限大のときには平均値である真の値に一致します。この性質は**一致性**と呼ばれます。つまり、最小二乗推定量は一致推定量です。これは、$\widehat{\boldsymbol{\beta}}$ の各要素の分散、すなわち $\sigma^2(\boldsymbol{X}'\boldsymbol{X})^{-1}$ の対角成分は、n が大きいときにゼロに近づくことで保障されます。説明変数同士が無相関、つまり非対角成分がゼロの場合をイメージすれば、この行列の対角成分は各説明変数の2乗和の逆数であり、和の項数が大きくなるにつれて単調に減少することを考えれば自明です。説明変数同士が無相関でなくとも同様の性質は証明できます。

【参考文献】

森棟公夫・照井伸彦・中川満・西埜晴久・黒住英司（2015）『統計学　改訂版（New Liberal Arts Selection）』有斐閣

● 索　引

英　字

AI　12
AIC　49
AUC　79
BIC　50
CART　62
ID-POS　14
IoT　6
K-means 法　57
LASSO　93
LDA モデル　119
MCMC　32, 121
np 問題　105
PLS　93, 102
ROC 曲線　79

ア　行

アソシエーション分析　53, 58
アルトマンモデル　75
閾値　79
一致性　146
医療診断　45
因子スコア　98
因子負荷量　97
因子モデル　97
主因子法　98

カ　行

カーネル　29, 88
　——トリック　88
回帰木　65
回帰モデル　143
階層的クラスター分析　54
階層的クラスタリング　56
ガウス＝マルコフの定理　146
過学習　49, 105
確信の度合い　11
確率分布　135
確率変数　135
仮説検定　140
仮想データ数　27
活性化関数　128
カテゴリカル分布　122
カリューシュ・キューン・タッカー条件　87
完全条件付き事後分布　122
感度　77
機械学習　12, 53
記述統計　8
期待信頼度　60
期待値　136
ギブス・サンプリング　32, 121
帰無仮説　140
逆推論　45
逆問題　11
共役事前分布　23

教師あり学習　53, 73
教師なし学習　53, 54
共通因子　97
寄与度　96
区間推定　139
クラスター分析　54
クラスタリング　53
クラス不均衡問題　80
グラフィカルモデル　42
クロスエントロピー尺度　64
クロスバリデーション　113
群平均法　55
訓練データ　36, 53, 87
形態素　115
　──解析　40, 115
計量経済学　7
決定木　62
検定　8
　──統計量　140
語彙分布　120
交差検証法　87, 113
古典的統計学　15
誤判別　86
固有値　141
固有ベクトル　141
混同行列　77

サ 行

最遠隣法　55
最近隣法　55
最小二乗推定量　145
最小二乗法　144
最尤推定値　21
最尤法　98
サポートベクトル　87
　──マシン　73, 85
残差　144
シグモイド関数　128, 129
事後確率最大化分類器　78
事後分布　21
　──評価法　12
支持度　59
自然言語処理　115, 119

事前分布　21
ジニ係数　62
重心法　55
集団学習　67
周辺確率　20
周辺事後分布　30
主成分　93
　──回帰　93, 101
　──スコア　94
　──ベクトル　94
条件付き確率　20
条件付き事後分布　30
条件付き事前分布　30
状態推定　35
人工知能　12
信頼度　60
推測統計　8
推定　8
　──量　138
スペクトル分解　143
正規 - 逆ガンマ事前分布　30
正規分布　24, 28
ゼロ頻度問題　38, 41, 49
線形判別関数　75
線形判別分析　79
潜在的意味（トピック）解析　118
ソフトマックス　129

タ 行

第 r 主成分　94
大規模データ　13
対立仮説　140
多層ニューラルネットワーク　132
多変量データ　53, 73
中心極限定理　8, 138
チューニングパラメータ　86
超分離平面　88
ディープラーニング　127
ディリクレ分布　24, 122
データ拡大法　121
データサイエンティスト　16
テキスト解析　115
テストデータ　66, 87

デンドログラム　56
統計学　7
統計的推測　8
統計モデル　21
同時確率　20
同時事後分布　30
同時事前分布　30
トーマス・ベイズ　11, 19
特異値分解　118
独自因子　97
特徴量　88
トピック分布　120, 122
トレース　143

ナ　行

ナイーブ・ベイズ分類器　37
二項分布　27
二次判別分析　81
二値分類　128
二値変数　65
ニューラルネットワーク　127

ハ　行

バイアス　106
バイプロット　99
バギング　65
判別分析　73, 74
判別ルール　74
非階層的クラスター分析　54
非階層的クラスタリング　56
比較クラウド　117
非構造データ　13
ビッグデータ　1
標準偏差　136
標本分布　137
頻度主義　8
ブースティング　67
ブートストラップ　65
不偏性　146
プロビットモデル　82
分散　136
　——共分散行列　142
　——とバイアスのトレードオフ　107

分離平面　85
平均二乗誤差　106
ベイジアンネットワーク　41
ベイズ統計　10, 21
ベイズの定理　20
ベイズ分類器　35
ベータ分布　24
ベルヌーイ試行　24
ベルヌーイ分布　25
変分ベイズ　33
崩壊型ギッブス・サンプリング　123

マ　行

マーケットバスケット　53, 59
マージン　85
マルコフ連鎖モンテカルロ法　22, 32, 121
メトロポリス-ヘイスティング（M-H）サンプリング　32
モンテカルロ積分　31

ヤ　行

尤度関数　21
予測誤差　105

ラ　行

ラグランジュ乗数　95
ラプラス　19
ランダムフォレスト　66
リッジ回帰　107
リフト　60
臨界値　141
類似クラウド　117
ロジスティック回帰　73, 79
　——モデル　82

ワ　行

ワードクラウド　116

● 著者紹介

照井伸彦（てるい・のぶひこ）

1990年、東北大学大学院経済学研究科博士課程修了。経済学博士。山形大学人文学部講師、助教授、東北大学経済学部助教授、教授等を経て、現在、東北大学大学院経済学研究科教授。情報・システム研究機構統計数理研究所客員教授を兼任。この間、ミネソタ大学経済学部、テキサスA&M大学統計学部、エラスムス大学計量経済学部、オハイオ州立大学フィッシャービジネススクール客員研究員、メリーランド大学スミスビジネススクール客員教授を歴任。日本統計学会賞（第18回、2013年）、The Tjalling C. Koopmans Econometric Theory Prize（共同、1992年）を受賞。
著書：『統計学 改訂版（New Liberal Arts Selection）』（共著、有斐閣、2015年）、『現代マーケティング・リサーチ：市場を読み解くデータ分析』（共著、有斐閣、2013年）、『Rによるベイズ統計分析（シリーズ統計科学のプラクティス2）』（朝倉書店、2010年）など多数。

ビッグデータ統計解析入門――経済学部／経営学部で学ばない統計学

●―――2018年12月20日　第1版第1刷発行
著　者――照井伸彦
発行者――串崎　浩
発行所――株式会社　日本評論社
　　　　〒170-8474　東京都豊島区南大塚3-12-4　振替 00100-3-16
　　　　電話 03-3987-8621（販売）、03-3987-8595（編集）
　　　　https://www.nippyo.co.jp/
印刷所――精文堂印刷株式会社
製本所――株式会社難波製本
装　幀――林　健造
検印省略　©TERUI Nobuhiko, 2018
Printed in Japan
ISBN 978-4-535-55901-1

|JCOPY|　＜(社)出版者著作権管理機構　委託出版物＞

本書の無断複写は著作権法上での例外を除き禁じられています。複写される場合は、そのつど事前に、(社)出版者著作権管理機構（電話：03-3513-6969、FAX：03-3513-6979、e-mail：info@jcopy.or.jp）の許諾を得てください。また、本書を代行業者等の第三者に依頼してスキャニング等の行為によりデジタル化することは、個人の家庭内の利用であっても、一切認められておりません。